BOISARD, J. J. François-Marin

Fables

vol. 1

Lacombe, 1777

Ye 13358

Y. 6611.
M+a.1.

FABLES.

Ces deux Volumes se distribuent à Paris, chez Lacombe, Libraire, rue de Tournon, près le Luxembourg.

Esprit, Libraire, au Palais Royal.

FABLES,

Par M. BOISARD,

De l'Académie des Belles-Lettres de Caën, Secrétaire du Conseil & des Finances de MONSIEUR, frère du ROI.

SECONDE ÉDITION.

PREMIÈRE PARTIE.

M. D. CC. LXXVII.

A MESSIEURS
EMMANUEL ET FRÉDÉRIC
DE FONTETTE.

Vous m'avez dit cent fois, depuis un mois ou deux :
  Monsieur l'Auteur que Dieu confonde,
  Quand verrons-nous vos Contes bleux
Dans la ville étalés ou courans par le monde ?
  Nous espérons qu'un beau matin,
  En nous tirant la révérence,
  Vous nous direz en confidence :
Agréez mon Livret ; Monnet & Saint-Aubin
L'ont rendu bien joli ; c'est vraiment grand dommage
Que l'on n'y trouve point d'estampe à chaque page ;
De plaire à tous les yeux il seroit bien certain :
Votre Éloge du moins, pardonnez mon audace,
Votre Éloge, Messieurs, décore ma Préface.
A ce doux compliment nous répondrons soudain :

Agréez pour la dédicace
Un baiser doux sur votre face,
Plus un petit soufflet de l'une & l'autre main.
Nous vous croyons tout plein de grace
Sous votre habit de maroquin :
Oh! nous allons bien vîte oublier la Fontaine.
Nous savions tous ses vers ; on les retient sans peine,
Et nous aimons bien moins les discours bien plus beaux
Que nous font aujourd'hui Messieurs les Animaux ;
Mais encor nous faut-il changer de Pédagogue.
Nous sommes bien enfans, le bon-homme est bien vieux ;
Un sage comme vous nous convient beaucoup mieux.
Si par fois de votre Apologue
Le grand sens nous échappe, à l'aide d'un Prologue,
(Qui souvent n'y siéroit pas mal)
Vous nous ferez au doigt toucher le but moral.
Ainsi d'assez douce manière
Chaque jour vous me lutinez ;
Mais s'il faut qu'à la fin je me mette en colère,
Ces jolis tours que vous prenez,
Je vous dirai fort bien de qui vous les tenez.
Trop dignes fils de votre mère,
Déjà dans vos propos gentiment ajustés
Vous savez dire, sans déplaire,

D'assez perfides vérités.
Parmi tout ce qui l'environne,
Vous voyez quelquefois Messieurs les beaux esprits :
Vous voyez comment son souris
Fait passer les avis que son bon sens leur donne :
Vous sentez mieux comment son coup-d'œil redouté,
Et cependant si desirable,
Sait rendre sa raison aimable
Jusques dans sa sévérité :
Vous la voyez enfin dans la société,
Graces aux dons de la Nature,
Brillant toujours sans art, & souvent sans parure,
De l'esprit & de la beauté
Exercer doucement la double autorité,
Régner dans tous les rangs & parmi tous les âges,
Et de son sexe même enlever les suffrages.
Sans doute vous croyez dans votre vanité
Que vous réussirez comme elle,
Dès que vous aurez su la prendre pour modèle.
Mais ce modèle en tout doit-il être imité
Sans nul égard, je vous en prie ?
J'en excepte un grand point Oh ! Messieurs, conservez
Ses charmes naturels, puisque vous les avez ;

Mais dans vos complimens de tournure polie
Mêlez en ma faveur un peu moins d'ironie.
Réformez vôtre exemple, & pour être parfaits,
   Aux agrémens de votre mère
Ajoutez, s'il vous plaît, l'indulgence d'un père
Dont j'aime à révérer l'image dans vos traits.
   Saisissez de son caractère
    La candeur & la vérité,
    Qui font adorer sa bonté,
   Même en souffrant de sa justice;
    Cet esprit exempt d'artifice,
Admiré cependant pour son habileté
Quand il faut accorder les intérêts du Prince
   Avec le bien d'une Province,
Dont ses soins vigilans & ses heureux travaux,
Depuis vingt ans.... du moins ont adouci les maux....
Mais insensiblement j'ai changé de matière;
Mon sujet devient grave, & vous ne l'êtes guère:
   Que vous disois-je?... heureux enfans!
Ressemblez, sans choisir, à l'un de vos parens;
On ne peut vous donner d'avis plus salutaire:
Imitez l'un des deux, & vous faites fort bien;
Imitez l'un & l'autre, il ne vous manque rien.

FABLES.
LIVRE I.

PROLOGUE.

Esclave généreux, toi qui fus autrefois
Préfenter le miroir aux paffions des Rois;
Idole du pays dont tu fus la victime;
Redoutable fléau des pervers & des fots,
Éfope, enfeigne-moi cet art fimple & fublime
De prodiguer le fens en ménageant les mots.
Efclave ingénieux, dont la mufe polie
Adoucit les leçons du fage de Phrygie,
      Phèdre, corrige mes effais,
Peintre doux & correct, achève mes portraits.

Vous qui mêlez vos pleurs aux ondes d'Hippocrène,
Vous qui n'avez encor ceſſé de ſoupirer
   Sur le tombeau de la Fontaine,
O Graces, aujourd'hui j'oſe vous implorer :
Je n'attends point de vous ces faveurs ſingulières
   Qu'au plus chéri de vos amans
Prodigua votre amour en de plus heureux tems ;
Mais ſi vous exaucez de plus humbles prières,
   Dans ces peintures menſongères
Souriez quelquefois ; le lecteur amoureux,
De leurs nombreux défauts détournera les yeux.

FABLE I.

LE LOUP ET L'AGNEAU.

Robin, gentil moutonnet,
Menacé de pulmonie,
Par régime étoit au lait
Et gardoit la bergerie.
Le Loup en fut informé;
Il va gratter à sa porte:
Comment est-ce qu'on se porte?
N'est-on point trop renfermé?
Est-il dit que l'on ne sorte
Si-tôt qu'on est enrhumé?
Je sais une herbe divine,
Plus douce que serpolet,
Dont je garantis l'effet,
Pour tous les maux de poitrine:
J'y menerai Robinet,
Et vous le guérirai net.

De l'avis ni de l'escorte
Je ne veux en nulle sorte,
Du garde & du médecin
Grand merci, reprit Robin;
Dussé-je mourir au gîte,
J'en préfère le danger :
Si le Loup veut m'obliger,
C'est de s'en aller bien vîte.

FABLE II.
L'ENFANT ET L'ABEILLE.

Avec une ardeur sans pareille,
Fanfan poursuivoit une Abeille.
Demandez-moi pourquoi: c'étoit pour son plaisir:
Fanfan, faute de mieux, s'amusoit à mal faire,
Et déjà, comme un homme, occupoit son loisir.
De ses mauvais desseins il reçut le salaire:
L'Abeille alors de se servir
De ce dard dangereux dont l'arma la nature,
De se venger & de s'enfuir.
Mais l'aiguillon fatal resta dans la blessure;
Ses jours en dépendoient, il en fallut périr.
Au bout de quelques jours, sur le point de mourir:
Que la vengeance est douce, disoit-elle,
Mais que la suite en est cruelle!

FABLE III.

LE ROSSIGNOL ET LE COUCOU.

Philomèle, du Printems
Saluoit la première aurore.
Aux accens de sa voix sonore
Le Coucou vint mêler ses burlesques accens.
Auprès d'eux à l'envi les oiseaux s'attroupèrent;
Entre ces deux rivaux les voix se partagèrent.
Le grand nombre au Coucou déféra les honneurs,
La Cigogne & l'Agasse & l'Autruche & la Grue,
Un essaim de Moineaux, soi-disant connoisseurs,
Sans compter des marais la bruyante cohue.
Philomèle, au contraire, eut peu d'admirateurs;
Mais de ce nombre étoient la sublime Alouette,
Le Serin délicat, & la tendre Fauvette.

FABLE IV.

LA VIGNE ET L'ORMEAU.

La Vigne devenoit stérile,
　　Dépérissant, faute d'appuis :
Si par moi, dit l'Ormeau, je ne porte aucuns fruits,
Je soutiendrai du moins un arbuste fertile.

FABLE V.

L'AIGLON ET LE CORBEAU.

Un jeune Aiglon à peine avoit les yeux ouverts,
      Qu'il vouloit planer dans les airs.
Poussé par les conseils de son aveugle mère,
L'imprudent au hasard s'élance de son aire.
      De son essor prématuré
Quel fut l'effet ? Hélas ! Une honteuse chûte.
De rochers en rochers le pauvret culebute ;
      Et le voilà désespéré,
      Couvert de blessures cruelles,
Et perdant pour jamais l'usage de ses aîles.
Un vieux Corbeau lui dit : Aiglon présomptueux,
Tu te croyois un Aigle, & ne fais que de naître.
Tes aîles auroient pu te porter dans les cieux ;
      Mais tu n'as pu les laisser craître.

FABLE VI.

L'ALOUETTE ET SES PETITS.

Mère Alouette un jour disoit à ses petits:
Nous sommes entourés d'un monde d'ennemis:
Craignons tout de leur force ou de leur perfidie.
    L'Autour menace notre vie,
Et l'Oiseleur en veut à notre liberté.
Croyez-moi, mes enfans, pour plus de sûreté,
Demeurez sous le chaume, auprès de votre mère.
    Si vous quittez votre berceau,
Vous trouverez peut-être.... Ainsi que votre père....
    Ou la prison, ou le tombeau.
Ce discours bien sensé fut trouvé bien frivole;
Les petits étoient grands: Oh! maman devient folle,
Elle radote, au moins, & sa morale endort.
Elle a pour les dangers des ressources nouvelles.
Il faudroit s'enterrer pour éviter la mort;
Ce seroit pour ramper que l'on auroit des aîles.
Et puis de fendre l'air au gré de leur ardeur;

L'un prend un vol errant, l'autre un essor sublime;
L'un de l'Autour est la victime,
L'autre esclave de l'Oiseleur.
Malgré les cris perçans de leur mère éperdue,
L'un se perd dans les bois, & l'autre dans la nue.

FABLE VII.

LE LIÈVRE ET LA TORTUE.

Le Lièvre à la Tortue infultoit : ma commère,
Lui dit-il, on prétend que vous avez jadis,
A la courfe, fur moi remporté certain prix,
Sans alonger beaucoup votre pas ordinaire.
     Qu'en dites-vous ? Vous fentez-vous d'humeur
        A renouveler la gageure ?
     Mais, croyez-moi, pour hâter votre allure,
Et ne pas compromettre aujourd'hui votre honneur,
Laiffez, pour un moment, votre toit en arrière,
Votre attirail n'eft pas celui d'une courrière.
Profitez de l'avis de votre Serviteur ;
Je vous parle en ami, vous en ferez plus lefte.
Autre part que chez vous ne pouvez-vous gîter ?
Dans tous les environs j'ai des gîtes de refte,
En petite maifon je prétends vous traiter……
Ce n'eft pas comme vous, dolente cafanière,
Qui dans un même trou languiffez prifonnière.

Mais cette nuit pourtant il vous faut découcher.
Haut le pied : à ton toît tâche de t'arracher,
      Dégourdis-toi, vieille forcière.
      La Tortue alongeant le cou,
Repartit : Vous raillez, voltigeur, mon compère;
      Si je ne quitte pas mon trou,
      Aussi ne m'y trouble-t-on guère.
Bien différent de moi, vous avez cent maisons?
Pour déloger souvent vous avez vos raisons,
      Que je crois toutes assez bonnes......
Compère, mon ami, ton sommeil n'est pas pur.
      Dans tous tes gîtes tu frissonnes;
      Je n'en ai qu'un, mais il est sûr.

FABLE VIII.

LES ARAIGNÉES.

L'Araignée, habile ouvrière,
Unit à son talent un méchant caractère.
Quand on eut découvert que son fil délié
Utilement pour nous pourroit être employé,
On réunit en corps nombre de filandières.
Ces Dames de tout temps ont été carnacières;
  On leur fournit des Moucherons,
  Des Vermisseaux, des Pucerons;
On croit qu'elles vont faire à l'envi des merveilles.
Leur unique souci fut de s'entr'égorger;
  Et tout le fruit qu'on tira de leurs veilles,
Ce fut cette leçon, que ne peut négliger
  Le Monarque, s'il est habile :
Les méchans n'ont souvent qu'un talent inutile;
N'attendez rien de bon de leur corps réuni,
Il faut les disperser pour en tirer parti.

FABLE IX.

LE LION ET LE SINGE.

Un Roi des animaux, fameux par mille exploits,
Ami de la vertu, mais sur-tout de la gloire,
Alexandre de nom & d'effet, dit l'histoire,
   Permit que du plus grand des Rois,
Gille-Appelle transmît les traits à la mémoire.
   L'Alexandre des animaux
N'inspira point le Peintre, ainsi qu'il est d'usage;
Car bien qu'il eût du goût, il croyoit, en Roi sage,
   Que les artistes, ses vassaux,
Quand il s'agissoit d'arts, en avoient davantage.
   Gille, dans cette occasion,
Consulta les sujets, en peintre de génie :
Quelle étoit de leur Roi la plus belle action ?
La plus belle, à leurs yeux, ou la plus applaudie ?
   Tous les avis considérés,
Gille représenta le Roi donnant la vie
Au Rat, qui de son trou sortant à l'étourdie,

LIVRE I.

Se trouvoit, par malheur, sous les ongles sacrés.
Ce chef-d'œuvre enchantoit les juges éclairés,
Le peuple l'admira; la cour en fut émue.
Le Roi ne le fut point; il détourna la vue.
Et comme Gille étoit habile observateur,
   Il comprit, non pas sans frayeur,
Qu'Alexandre Lion jugeoit que pour sa gloire
On auroit pu choisir un autre trait d'histoire.
   Il se remet à l'attelier,
Fait un nouveau portrait différent du premier:
Ici le Roi Lion hérissant sa crinière,
Au Tigre rugissant fait mordre la poussière.
Le Monarque sourit: J'ignore si c'est moi;
Mais à ces traits, dit-il, on reconnoît un Roi.

B iv

FABLE X.

LE CHIEN ET LE CHAT.

FIDÈLE aboye à tout venant ;
Ses cris aigus révoltent tout le monde,
Et, sans avoir donné le moindre coup de dent,
Il est craint par-tout à la ronde.
Sous ces bruyans dehors, Fidèle cependant
Cache un bon cœur, une belle ame.
Il est tendre pour ses amis :
Près de ses bienfaiteurs il est humble & soumis,
Et, sans trahir Monsieur, il sait plaire à Madame.
Minette, d'un ton doux, miaule aux pieds des gens ;
Elle roule des yeux brillans,
Mais brillans d'une douce flamme.
Près de vous doucement elle vient se frotter :
Sa peau doucette à la flatter
Semble même vous inviter.
Fiez-vous-y ; la bête scélérate
Plus vîte que l'éclair vous lâche un coup de patte.

FABLE XI.

LE COCHET ET L'HUITRE.

Un Cochet s'émancipant,
Sur les bords de la mer alla chercher fortune.
De l'Empire de Neptune
Il aborde maint habitant;
A mille oiseaux divers il conte en un instant
Ses aventures sans pareilles,
Et de la basse-cour leur prône les merveilles.
Il apperçoit une Huitre ouverte & humant l'air;
Oh oh!... quel être es-tu, lui dit-il? Es-tu chair
Ou poisson? Mort ou vif? Ta figure est jolie;
Mais, si tu ne dis mot, j'ignore ton génie:
Ce silence, à vrai dire, est un peu bien suspect.
Je ne sais qu'un secret pour connoître ma bête.....
Déjà pour percer l'Huitre il avançoit la tête;
Mais l'Huitre se resserre, & lui ferme le bec.

Ceci n'est point fiction toute pure;
De tel qui lit ces vers j'ai conté l'aventure.

FABLE XII.

LES GLUAUX.

L'Aquilon, des oiseaux avoit juré la perte;
De neige & de glaçons la terre étoit couverte.
   Le plus libertin des Moineaux,
    Mourant de froid & de misère,
A ses tristes amours alors ne songeoit guère.
L'homme prit ce moment pour tendre ses Gluaux,
Non sans répandre autour une amorce perfide,
Où vient fondre aussi-tôt maint Oisillon avide.
    Dieu sait quelle chère on fit là;
    Bien est-il vrai qu'on s'empêtra
    Dans la Glu, mais on s'en tira;
Le traître accourut vîte, & chacun s'envola.
Un seul demeura pris, tout le reste en fut quitte
    Pour quelque plume, & se moqua
    De qui fit les frais du gala.
    A ses dépens on s'égaya,
    Quand on fut de retour au gîte.

Un d'eux lui dit, au nom du troupeau parasite :
O toi, dont les bienfaits ne sont que des appâts,
Tu n'as fait qu'une dupe, & tu fais mille ingrats!

FABLE XIII.

LE VER A SOIE ET LE VER DE TERRE.

Il fend l'air, cet heureux reptile!
Il étoit mon égal; le voilà volatile.
Je l'ai vu tisserand, ce nouvel oisillon,
Qui s'élève aujourd'hui d'une aîle triomphante!....
Il déploie au Soleil sa robe étincelante:
Il fut un Ver obscur ce brillant Papillon!
Ainsi le Ver de terre, à la douleur en proie,
   De son voisin le Ver à soie
   Contemploit les destins nouveaux.
Est-ce à toi d'envier le prix de mes travaux,
Reprit l'insecte aîlé? Je me souviens sans cesse
Qu'à mériter mon sort j'ai passé ma jeunesse;
Tandis que dans la fange enfoncé sans pudeur
Dans un honteux loisir tu mettois ton bonheur;
Je sais qu'à réparer le tort de ma naissance
   J'employois mes premiers momens;
Par d'utiles sueurs j'épurois ma substance:
Je jouis dans l'été des peines du printems.

LIVRE I.

Si je ne dois qu'à moi mes dignités nouvelles,
Crois-tu par là me ravaler?
Apprends qu'il est doux de voler,
Et qu'il est glorieux d'avoir formé ses aîles.

FABLE XIV.

LE RAT DES CHAMPS ET LE RAT D'EAU.

Un jour le Rat des champs apperçut le Rat d'eau
Qui prenoit ses ébats sur le bord d'un ruisseau :
Mon cousin, lui dit-il, la rencontre est heureuse,
Et je ne sais pourquoi j'ai rêvé d'eau bourbeuse :
Nous devons être amis, nos deux noms n'en font qu'un ;
Nos branches, comme on sait, sortent d'un tronc commun.
Les marais à la tienne échurent en partage,
Et la mienne des champs m'a transmis l'héritage.
Viens m'y voir ; à cent pas j'habite un mien château,
Dont je fus l'architecte, & qu'on trouve assez beau.
Ne puis-je cependant connoître ta demeure ?
Je veux t'y visiter ; & ce sera sur l'heure.
Je suis, je l'avouerai, fort curieux de voir,
Voir un peu comme est fait ton humide manoir.
Trop d'honneur, répondit l'animal amphibie ;
Mais il faudra nager... Je n'appris de ma vie ;

Mais donne-moi l'exemple, & je t'imiterai.
Mon maître, en débutant, je vous surpasserai.
Soit. Et voilà d'abord mes deux Rats fendant l'onde;
Mais l'hôte des guérêts la trouva si profonde,
Qu'à son maître bien-tôt l'apprentif eut recours.
Il avoit grand besoin qu'on vint à son secours,
Avalant coup sur coup mainte & mainte rasade,
Quand il revint au bord, grace à son camarade;
Renonçant pour toujours au métier de plongeur,
Et même à tout métier, qu'il ne le sût par cœur.
Cousin, dit le Rat d'eau, la rivière est fangeuse,
Et ce n'est pas pour rien qu'on rêve d'eau bourbeuse.
Remettons la partie; allons voir ton château;
Nous irons doucement, pour sécher notre peau.
J'entreprends avec peine un long pélerinage;
Mais je marche du moins; & c'est un avantage.

FABLE XV.

LES DEUX MULOTS.

Sous les racines antiques
D'un Maronnier spacieux,
Deux Mulots, descendus de différens ayeux,
Avoient leur héritage & leurs Dieux domestiques.
L'un né maitre & seigneur de vastes souterrains,
Grossissoit jour & nuit d'amples amas de grains ;
De chataignes & de noisettes,
De cent sortes de fruits provisions complettes.
Les Mulots, comme les humains,
Dans leur trésor, dit-on, ne souffrent point de vide ;
Grands ou petits, il faut que les greniers soient pleins.
Celui-ci donc, toujours avide,
Accumuloit toujours ; mais quoi ? Ses magasins
Sembloient engloutir sa chevance.
Malheureux, disoit-il, hélas ! l'Hiver s'avance,
Pourrai-je parvenir à remplir mon cellier ?
Son voisin, petit casanier,

Avoit

Avoit rempli le fien, & fans beaucoup de peine,
Aux feuls dépens du Maronnier.
Ah! dit-il au Créfus, qu'il voyoit hors d'haleine,
Je n'ai pas ton vafte domaine,
Mais en réglant le mien fur mes fimples befoins,
Que les Dieux, je le vois, m'ont épargné de foins!

FABLE XVI.
L'ÉLÉPHANT ET LE RAT.

L'Éléphant dévastoit la campagne à la ronde.
L'homme sans l'attaquer, au piége l'arrêta ;
    Son Éminence culbuta
      Dans une fosse profonde,
D'un branchage trompeur recouverte à dessein.
Le géant renversé s'agite, mais en vain :
Sans ressource, il attend la mort en philosophe.
    Un fourageur de moindre étoffe,
(Les plus petits aussi font par fois des faux pas)
Le Rat, au même trou, comme il n'y songeoit pas,
Tombe... Mais il regrimpe & trotte dans la plaine.
Hélas ! dit le colosse alors en gémissant,
La chûte des petits se répare sans peine ;
Et le Rat dans la fosse est plus que l'Éléphant !

FABLE XVII.
LES DIEUX D'ÉGYPTE.

Dans le temps que l'Égypte adoroit des Oignons,
Les Singes & les Chats eurent part aux hommages
De ce Peuple éclairé, dit-on, par tant de Sages.
Or l'Égypte effaçoit les autres nations
   Par la splendeur des édifices
Qu'elle avoit consacrés au culte de ces Dieux
   Qui l'épuisoient en sacrifices.
Dans le plus élevé de ces Temples fameux
Un voyageur entra : dès l'abord il chancelle ;
   Plein de la majesté du Dieu
Qu'il croyoit résider en ce superbe lieu,
Il avance, saisi d'une frayeur nouvelle.
Au fond du sanctuaire un Prêtre l'introduit :
Le guide entre.... en tremblant le voyageur le suit.
Aux pieds de Jupiter il croyoit comparoître.
Jugez qui fut surpris, comme aussi qui dut l'être,
   En voyant sur l'Autel assis
Un petit Singe noir, ceint du bandeau suprême ?

A cette vue à peine il reprend ses esprits!
Quoi! c'est donc là le Dieu, disoit-il en lui-même!
Quel Temple & quelle Idole! A certain mouvement
Le Prêtre s'apperçut de son étonnement.
Ministres des Autels, notre erreur est extrême,
Dit le Pontife adroit, de la chose informé.
Si l'homme de trop près voit l'objet qu'il adore,
Nous sommes tous perdus; il en est tems encore;
Mais que le sanctuaire à jamais soit fermé.

  Ce Pontife savoit son rôle.
Par la grandeur du Temple on juge de l'Idole;
  Cette erreur est de tous les tems.
  Dieux inutiles, Dieux nuisibles,
A qui le sot vulgaire offre un stérile encens;
  Petits Singes inaccessibles,
Vous avez bien raison de vous rendre invisibles!

FABLE XVIII.

LE SOURICEAU.

Un Souriceau rodant une nuit, sans sa mère,
　　　Fut conduit par son odorat,
Qu'il avoit par malheur subtil & délicat,
　　　Vers le trou d'une souricière.
　　　Ou je me trompe à cette odeur,
　　　Ou cette nuit je ferai fine chère,
　　Dit en son cœur la jeune aventurière.
Un fil pour un moment modéra son ardeur.
Le bestion recule ; il rumine en sa tête
S'il doit franchir ou non l'obstacle qui l'arrête :
　　　　Ma mère m'avertit jadis,
　　　Se disoit-il, que pour notre ruine
　　　　L'homme a construit mainte machine.....
　　Que certains trous sont mortels aux Souris.
　　Le meilleur mêts est bien cher à ce prix !...
C'est dommage.... Après tout la vieillesse est peureuse ;
Peut-être un peu jalouse, & beaucoup radoteuse......

Je ferois bien d'avis d'en courir le hafard;
Le plaifir paroît sûr & la peine eft douteufe......
　　　Puis mourir, en mangeant du lard,
　　　Eft-ce une mort fi malheureufe?...
Il flaire... Il flaire encore... Il entre au trébuchet;
A l'odeur de la chair fon appétit s'enflamme....
Il n'y peut plus tenir, il coupe le filet.
La Parque, de fes jours coupe auffi-tôt la trâme.

FABLE XIX.
LE CHIEN ET LE BOUC.

Un Bouc luttoit contre un Ormeau,
A l'entour du pauvre Arbrisseau
Des cornes & des pieds faisant force poussière.
Un jeune Agneau, pour la première fois,
Au paturage ayant suivi sa mère,
D'un œil d'étonnement contemploit ses exploits.
Maman, n'est-ce pas là ce Héros intrépide,
Qui, contre le tyran des bois,
Protége, disiez-vous, notre race timide ?
O mon fils ! tu t'y connois mal,
Répondit la Brebis : vois sur cette éminence
Tranquillement couché ce modeste animal,
Ce Chien, qui dans la paix sur nous veille en silence :
Dans la guerre, ô mon fils, c'est notre défenseur....
Le voilà le Héros !... Mais ce Bouc querelleur,
Sur des ennemis sans défense
Il exerce en vain sa valeur ;
Il n'a jamais du Loup soutenu la présence.

FABLE XX.
LA PÊCHE.

L'OMBRE des Peupliers alloit déjà croissant,
  Déjà de l'humide Occident
Phébus lançoit à peine une oblique lumière;
  Annette, aux bords d'une rivière,
Sur mille & un poissons qu'elle alloit attraper,
Fondoit déjà l'espoir d'un fort joli souper.
Soupera-t-elle, au moins? Pour moi je le souhaite;
Son début promettoit: avec un Vermisseau
Annette doucement vous amorce un Carpeau,
L'enlève dans les airs; le voilà sur l'herbette:
  On le ramasse bien & beau:
C'est un commencement, prenons-le... Mais qu'en faire?
  S'il pouvoit m'amener sa mère.....
Et pourquoi non, dit-elle? & la ligne est à l'eau.
La Carpe vient, s'accroche... Oh le friand morceau!
  Arrivez, vîte, ma commère....
  La voici donc. Nous la tenons:
Les jolis petits yeux! les dangereux fripons!...

Tout réuſſit a la Bergére

Fable XX. Liv. 1.er T. I

LIVRE I.

Et quel appât pour le compère!
Un Brochet est bien dur s'il n'en est pas tenté....
Il me faut un Brochet, le sort en est jeté.
   Tout réussit à la Bergère.
   Voici du moins un Brocheton
Qui croit tenir la Carpe, & tient à l'hameçon.
   Regagnez votre maisonnette,
Et partez, croyez-moi ; c'est le plus sage, Annette.
Un Brocheton !... Vraiment c'est à peu-près mon fait ;
Mais il est cependant de taille assez commune,
   Et je comptois sur un Brochet....
Partir en ce moment, c'est manquer ma fortune...
Oh! je veux la pousser, j'en aurai le cœur net.
Cette fois il arrive un avaleur insigne ;
Mais il ne fut pas dupe, il coupa net la ligne.
Le Brochet d'un seul coup goba le Brocheton,
   Et la Carpe, & le Carpillon,
   Et l'hameçon.
   Que devient le souper d'Annette ?
Hélas ! n'en parlons plus ; on le devine bien ;
   Mais sa devise est *tout ou rien*....
   J'en suis marri pour la pauvrette.

FABLE XXI.

LE PERROQUET ET LE HIBOU.

Un Perroquet chez des Nonains
De parler sans penser avoit fait son étude.
Un Chat-huant loin des humains
De penser sans parler avoit pris l'habitude.
L'Orateur décloîtré, de retour dans ses bois,
Rencontra par hasard le Philosophe hermite;
Et, voulant avec lui faire assaut de mérite,
Il perora sur tout dès la première fois,
Raisonna même un peu, mais comme un Katakois.
Le songeur cependant gardoit un froid silence.
Le Perroquet outré lui dit: Maître idiot,
Si tu ne sais parler, quelle est donc ta science?
Le Hibou repartit: & toi, Messire sot,
Si tu ne sais penser, quelle est ton éloquence?

FABLE XXII.

LE MENDIANT ET LE DOGUE.

Auprès d'un coffre-fort un Dogue en sentinelle
Étoit sur ses vieux ans devenu si grondeur,
    Qu'on l'accusoit d'être fidèle
    Moins par vertu que par humeur.
Un Mendiant lui dit : pourquoi d'un œil farouche
    Ne cesses-tu de m'observer ?
Regarder ce trésor, est-ce te l'enlever ?
    Pourquoi gronder sans qu'on y touche ?
Le Dogue répondit : pour te faire trembler...
Je gronde par pitié.... J'ai peur de t'étrangler.

FABLE XXIII.

LE CHAT DES INDES.

Miaou, Chat de l'Inde, avoit les yeux si doux,
Étoit si tourmenté d'une petite toux,
Qu'il passoit pour un saint, même chez son espèce;
On ne lui connoissoit ni vice, ni foiblesse;
    Ses vertus étoient Charité,
    Tempérance & Fidélité
Sur tout : sa conscience étoit si délicate,
Que jamais dans le sac on ne lui prit la patte.
Miaou cependant, comme les autres Chats,
Poursuivoit sans quartier les Souris & les Rats,
    Peste maudite, race immonde,
Qu'il mangeoit, disoit-il, pour en purger le monde.
    Or un soir, on ne sait par où,
Pour quelque bon dessein, le doucereux Indou
    S'étant glissé dans une office,
Y surprit un gros Rat, mangeant un pain d'épice.
Or-çà, je t'y prends donc, dit-il, maître fripon,
Vivant sur le commun; tu m'en feras raison.

Le Rat déconcerté répondit : le scrupule,
En lieu pareil, me semble & neuf & ridicule :
Nous sommes seuls, crois-moi, saisis l'occasion ;
Mange & pille, & sois sûr de ma discrétion.
Vraiment je suis d'avis, reprit la bonne bête,
De faire mon profit de son discours moral ;
Pour se justifier, il veut m'induire à mal ;
La proposition est douce & fort honnête !
Pour plaire au friponneau l'on fera comme lui
Sans honneur & sans foi, friand du bien d'autrui ;
Au lieu d'être son juge, on fera son complice :
De sa déloyauté faisons plutôt justice.
Il l'étrangle à ces mots, se tapit dans un coin,
Et mange sans scrupule ainsi que sans témoin.
Un Valet vient ; mon Chat saisissant sa victime :
Vous allez voir ici bien du dégât, dit-il,
   Et vous voyez l'auteur du crime :
Il faut en convenir, le drôle étoit subtil ;
Mais ma prudence a su mettre en défaut la sienne ;
Je veux payer pour lui, s'il faut qu'il y revienne.
Le Valet souriant laisse aller Miaou,
Mais le jugea dès-lors un dangereux Matou.

FABLE XXIV.
LE COQ ET L'OISON.

Un Oison tout le jour nasilloit dans la fange :
Voisin, dit un vieux Coq, ton ramage est étrange ;
Il a je ne sais quoi qui tient peut-être au sol ;
Vole aux bois, vas t'instruire au chant du Rossignol.
Bien pensé, fit l'Oison à qui l'aîle démange ;
Vers un certain taillis il dirige son vol.
  C'étoit l'heure où de son ramage
Le Chantre harmonieux charmoit le voisinage.
Le Nasard s'abattit dans un étang prochain,
Écouta, comme on croit, de toutes ses oreilles ;
Répéta de son mieux, croyant faire merveilles :
Mais au bout de trois jours tourmenté par la faim,
  Maigre, défait, mélancolique,
  Il regagne enfin son bourbier.
Eh bien ! lui dit le Coq, comment va la musique ?
As-tu poli ton chant, adouci ton gosier ?
Oison d'ouvrir le bec.... c'est assez, tu nasilles ;
  C'est en vain que tu t'égosilles ;

Songe à vivre, crois-moi : barbotte & te nourris ;
Car de réformer la Nature,
C'est abus d'y penser ; bien des gens y sont pris ;
Mais puisqu'il faut te dire une vérité dure :
Quiconque en naissant nasilla,
Jusqu'à la mort nasillera.

FABLE XXV.

L'HOMME ET L'ANE.

Dans un champ hérissé de chardons, un Baudet
Ayant fait place nette autour de son piquet,
D'un reste d'appétit ressentoit les atteintes.
Il attendit long-tems sans murmures, sans plaintes,
Que son maître daignât alonger son lien ;
  Mais enfin n'espérant plus rien,
Et trop bien convaincu que ce maître l'oublie,
Avec un bruit affreux le malheureux s'écrie ;
Et ses cris répétés par la voix des échos,
De Baudets résonnans remplissent les coteaux.
L'Homme alors d'accourir : quelle horrible tempête,
  Dit-il ! qu'as-tu ? t'égorge-t-on ?
Non ; mais je meurs de faim par faute d'un chardon.
Quoi ! c'est pour ce sujet que tu nous fends la tête ?
Il faut que pour si peu l'on n'entende que toi ?
  Hélas ! reprit la pauvre bête,
Ce peu n'est rien pour vous ; mais il est tout pour me

FABLE XXVI.

LE SINGE A LA COUR.

Le Singe fut admis à la cour du Lion ;
En quelle qualité, besoin n'est de le dire ;
En qualité de Singe ; il devoit faire rire.
Son talent lui valut l'office de bouffon.
Il avoit ce qu'il faut pour remplir cette place,
    Peu d'esprit & beaucoup d'audace.
    Seigneur Ours, très-méchant danseur,
Se présentant un jour d'assez mauvaise grace,
Gille pour débuter copia Monseigneur ;
    D'après nature il rendit sa grimace.
Seigneur Ours à la cour n'avoit aucun emploi,
Que celui d'ennuyer de tems en tems le Roi ;
On en rit. Dom Baudet vint faire une harangue
    Qui partagea tous les avis.
Tous les sots admiroient, & tous les bons esprits
Maudissoient l'orateur. Pour exercer sa langue
    Gille eut beau champ ; du Papelard

Ire Partie.   D

Il imita d'abord la sotte contenance,
Puis ses éclats de voix & son courroux braillard;
    Puis d'un ton cas & nasillard
    Il prit congé de l'assistance.
On berna Dom Baudet, & Gille s'applaudit.
    Mais une plus grave personne,
    Le Général de la Couronne,
L'Éléphant, grand guerrier plutôt que bel esprit,
Usa d'un terme impropre; & Gille sans scrupule
Glosa sur l'Éléphant : chacun rêve à part soi;
Le rieur rit tout seul. Le Roi lui dit : tais-toi,
Gille; apprends qu'un Héros n'est jamais ridicule.

FABLE XXVII.
L'ENFANT ET LE MOINEAU.

Fanfan couroit tout défolé;
Son Moineau s'étoit envolé.
Dans le fond d'un fombre bocage
Il fuivit fon ami volage,
Et lui chanta cette chanfon
Qui fe perdit comme un vain fon:
Reviens dans ta maifon déferte,
Reviens becqueter dans ma main
A tes befoins toujours ouverte,
Le millet choifi grain à grain.
Cher Moineau, quitte ces demeures
Où te pourfuit mon amitié;
Loin de toi je compte les heures;
Ah! cède au moins à la pitié!
Ta maifonnette eft fi gentille;
Veux-tu la quitter pour jamais?
Moi-même j'en dorai la grille;
J'en ai fait un petit palais!

Je trouve en ce bois solitaire
Ma liberté qui m'est plus chère,
J'y veux mourir, reprit l'oiseau.
L'ami, ton discours est fort beau,
Mon palais aussi : quel dommage
Que ce palais soit une cage !

FABLE XXVIII.

LA FAUVETTE EN CAGE.

Une Fauvette, à peine au sortir du berceau,
  Fut condamnée à l'esclavage.
On emprisonne hélas! à la fleur de son âge,
  On encage le pauvre Oiseau,
Dont le cœur fut formé pour une autre aventure!
  Mainte caresse & maint bonbon
Lui firent oublier les champs & la verdure.
Elle alloit quelquefois voltiger au salon,
  Rentroit sans peine en sa prison,
Passant ainsi les jours sans joie & sans murmure.
Elle ignoroit encor qu'il fût dans la nature
  D'autres plaisirs pour les Oiseaux;
  Qu'en d'autres lieux les agiles Fauvettes
S'ébattoient dans les airs, ou faisoient leurs retraites
Sous des ombrages verts fréquentés des Moineaux.
Jamais du Rossignol la voix plaintive & tendre
A son tranquille cœur ne s'étoit fait entendre.
Un moment perdit tout. Au retour du printems,

Du côté d'un riant bocage,
Au soleil un beau jour on exposa sa cage.
Ce spectacle inconnu développa ses sens;
 De Philomèle elle entend les accens;
Elle apperçoit Progné qui se donnoit carrière.
L'infortunée alors pousse un premier soupir;
Elle veut s'envoler & se sent retenir :
Elle comprit enfin qu'elle étoit prisonnière.
 Hélas! dit-elle, qu'ai-je vu?
 Voilà donc ce que j'ai perdu!
 Cruels humains! pour combler ma misère,
Falloit-il m'étaler un spectacle si beau?
Tyrans, vous vous jouez de ma douleur amère!
Tandis qu'elle soupire, elle voit un Moineau
Caressant sous l'ombrage une jeune Fauvette.
 Ah! c'en est trop, s'écria la pauvrette,
 De mon destin j'ignorois la rigueur;
Et le bonheur d'autrui manquoit à mon malheur!

FABLE XXIX.

LES AGNEAUX ET LES LOUVETEAUX ORPHELINS.

Mère Brebis mourut à la fleur de son âge,
    Laissant deux Agneaux orphelins
    Dont les bêlemens enfantins
    Attendrirent le voisinage.
Mais le Berger les prit sous sa protection :
De la Brebis, dit-il, la mémoire m'est chère ;
Pauvres infortunés, je serai votre père !
Votre mère vous laisse, & j'en suis caution,
Un légitime bien, le prix de ses services ;
    Et ce qui vaut mieux, mes amis,
Avec le lait sans doute elle vous a transmis
Ses bonnes qualités, sans mélange de vices.

Au fond d'un bois deux Louveteaux,
Grace aux rapines de leur mère,
Nourris de la chair des Agneaux,
Avoient eu quelques jours un fort assez prospère.
Mais ce bonheur fut passager;
La cruelle expira sous les coups d'un Berger.
On prétend qu'une Tourterelle,
Voisine du repaire affreux
De ces coupables malheureux,
En apprenant cette nouvelle,
Parut céder encore à la compassion,
Et fit en soupirant cette réflexion :
Votre mère pour vous a commis bien des crimes ;
Elle vous engraissoit du sang de ses victimes,
La malheureuse !... Elle n'est plus,
Et vous laisse en mourant un funeste héritage !...
Taisez-vous, orphelins !... Vos cris sont superflus,
Et des Bergers vengeurs ils réveillent la rage !

FABLE XXX.
LE CHÊNE ET LE TILLEUL.

Le Tilleul un jour dit au Chêne:
Que tu croîs lentement! tu quittes terre à peine,
    Et mon front se perd dans les Cieux;
Qui croiroit qu'un seul jour nous vit naître tous deux?
      Seul confident d'un doux mystère,
      Sous mon favorable contour,
      Je dérobe aux rayons du jour
      La tendre & timide Bergère,
      Que sans mon ombre solitaire,
      Son Berger poursuivoit en vain......
      Le rendez-vous du lendemain
      Est sous mon ombre salutaire.
Sur mon écorce enfin la tremblante Glycère,
      Traçant deux chiffres amoureux,
M'a chargé du beau soin d'éterniser ses feux.......
Zéphyre avec molesse agitant mon feuillage,
Vient mêler son murmure aux voix de mille Oiseaux
Qui bravent dans mon sein le soleil & l'orage.

Il n'eſt aucun de mes rameaux
Où les amours de ce bocage
N'ayent reçu mille fois un vif & pur hommage....
Ma tête brille au loin ; ce n'eſt que par mon nom
Qu'on déſigne mon voiſinage.
Je pourrois bien avec raiſon
Peut-être en dire davantage ;
Mais je n'aimai jamais à me glorifier :
Sur l'inégalité que la nature ſage
En répandant ſes dons mit dans notre partage,
Je me garderai d'appuyer.

Tandis que le Tilleul vantoit ſon indulgence,
Le Chêne croiſſoit en ſilence.
Il pouſſoit inſenſiblement
Mainte racine profonde
Qui s'étendant à la ronde,
Dans ſes fibres largement
Pompoient la ſève vagabonde,
Enfin ces grands rameaux obſcurcirent les airs.
Le Tilleul cependant, après quelques hivers,
Commençoit à courber la tête ;
Le Tilleul n'étoit déjà plus,

Et le Chêne bravoit l'effort de la tempête;
Sous son feuillage alors par cent jeux ingénus
Les innocens Bergers vont célébrer leur fête.
    C'est peu de résister aux vents :
    Il résiste à la faulx du tems,
Et le vieillard glacé montre avec allégresse
Aux gages fortunés de ses feux expirans,
    Le témoin respecté des ans
    Qui vit éclore sa tendresse ;
En pleurant sous son ombre il bénit ses enfans,
    Les jeunes cœurs, sous cet ombrage,
Se promettent qu'un jour à leur postérité
Ils tiendront à leur tour un semblable langage ;
Par un tendre coup d'œil l'augure est accepté !
Le trépas, du Tilleul emporta la mémoire ;
Le Chêne révéré vit encor dans l'histoire.

    Fin du premier Livre.

FABLES.
LIVRE II.

PROLOGUE.

Écoute-moi, Dieu de la terre:
Quand tu voudras punir, imite Jupiter:
  Avant de lancer le tonnerre,
Fais-le gronder long-temps, fais précéder l'éclair;
Et n'écoute jamais la voix de la vengeance
Qu'aux momens où tu peux consulter la clémence.
  Si la colère est dans ton cœur,
  Que ton bras dépose la foudre:
  Tremble qu'un instant de fureur
Ne condamne celui que la loi peut absoudre,

LIVRE II.

Ou dans le malheur de punir
N'expose la justice à trouver du plaisir.

Muse, pour illustrer un précepte si sage,
D'un sage de la Grèce empruntons le langage.

FABLE I.

MOT DE SOCRATE.

Le moins fou des humains, au jugement des Dieux,
    Le bon Socrate furieux
Perdit la tête un jour, comme un homme ordinaire;
Pour frapper son esclave il leva le bâton!
    Mais retenu par son démon:
« Rends grace aux Dieux, dit-il, que je sois en colère. »

FABLE II.

LE LION MALADE.

Le Roi des Animaux, d'une épine blessé,
Par ses rugissemens effrayoit la nature.
A retirer le dard dont il étoit percé,
Après de vains efforts, il avoit renoncé.
Les Animaux en vain tentèrent cette cure ;
    Tous envenimoient la blessure
Au lieu de la guérir. Attendri par ses cris,
De l'antre du gisant l'Homme éloigna la Parque ;
En joignant à ses doigts le secours des outils,
Il arracha l'épine, & guérit le Monarque.
Je vois, dit le Lion, qu'il faut me résigner
A te céder enfin l'empire de la terre :
Celui-là seul, sans doute, est digne de régner,
Qui veut faire le bien & sait l'art de le faire.

FABLE III.

LE CHIEN ET LE RENARD.

Pour le désespoir des Abeilles,
A côté d'une ruche un Guêpier s'établit;
Plus d'une ouvrière périt,
Sans jouir du fruit de ses veilles:
Tout le reste en prison maudissoit les destins
De leur avoir donné de si mauvais voisins.
Cependant un Renard qui faisoit abstinence
(Moins par dévotion que par nécessité)
Dans sa souterraine cité,
Vint une belle nuit assiéger cette engeance.
Tandis que dans la terre il fourroit son museau,
Un Chien qui le guettoit mit la dent sur sa peau.
Ah! méchant tu mourras! O pudeur! ô justice!
S'écria l'hypocrite! ô ciel, sois-moi propice!
Hélas! à ce qu'on fait on ne connoît plus rien;
Moi méchant, quand je fais du bien,
Quand je rends service à son maître!
Service? Soit, cela peut être;

LIVRE II.

Mais meurs toujours, reprit le Chien.
Ce beau discours n'est qu'une embûche;
Tu détruis le Guêpier, tu détruirois la Ruche.

FABLE IV.

LE LOUP ET LE DOGUE.

Un Loup remplissoit l'air de ses cris douloureux:
De tous côtés je suis bien malheureux!
Qu'est devenu ce tems où d'immenses armées,
Par le glaive & la faim sans cesse consumées,
Nous fournissoient des repas somptueux?
Pour le malheur de tous tant que nous sommes,
Une paix générale a réuni les hommes!.....
Pas le moindre cadavre!... Helas! je flaire en vain....
Tout vit dans la nature!... Il faut mourir de faim!
Car où porter mes pas? Pour comble de disgrace,
Tous les troupeaux sont protégés
Par des Chiens vigilans, des Chiens de forte race,
Par qui j'ai vu cent fois mes pareils égorgés.....
Comme il disoit ces mots, un Dogue épouvantable
Qui l'entend, fond sur lui, de rage étincellant:
Meurs, lui dit-il, en l'étranglant;
Et meurent comme toi, brigand impitoyable,

Et meurent comme toi, brigand impitoyable,
Tous ceux qui comme toi meurtriers dans le Cœur,
Dans le bonheur public ont trouvé leur malheur.

Livre II. Fable IV.

LIVRE II.

Tous ceux qui, comme toi, meurtriers dans le cœur,
Dans le bonheur public ont trouvé leur malheur!

FABLE V.
L'ARAIGNÉE ET LE VER A SOIE.

Quoi ! toujours un maudit balai
Emportera tout mon ouvrage !
Et jamais je n'acheverai....
Ah ! cette fois je perds courage !
Imbécilles humains, mais vous n'y songez pas :
De la rivale de Pallas,
Barbares, vous brisez la trame inimitable ;
Et d'un vermisseau misérable
Vous admirez le fil mille fois plus grossier !
Pour encourager l'ouvrier,
Vous vous chargez de sa dépense ;
Vous le logez chez vous avec magnificence !...
C'étoit ainsi qu'Araigne exhaloit son courroux.
Vermisseau, son voisin, lui dit d'un ton plus doux :
Dame Arachné, pourquoi vous échauffer la bile ?
Eh ! de grace modérez-vous....
Oui, de par tous les Dieux, vous êtes fort habile ;
Votre ouvrage est fort beau.... Mais il est inutile.

FABLE VI.

LE PAON ET LE ROSSIGNOL.

Le Paon de son plumage étalant les rubis,
Fixoit par leur éclat les regards éblouis.
On admiroit encor sa superbe attitude.
    A quatre pas de là
    Le Rossignol chanta ;
La cour du Paon se change en solitude.

FABLE VII.
LE VOLCAN.

Un Voyageur alloit franchir une montagne
Dont le sommet de neige & de glaçons couvert,
Avec un bruit affreux tout-à-coup entr'ouvert,
D'un torrent de bitume inonda la campagne;
Le salpêtre en fumée, en flammes s'exhalant,
Remplissoit l'air au loin d'une odeur empestée.
   Le Voyageur pâle & tremblant,
Fuyant avec horreur cette plage infectée :
Qui l'eût cru, disoit-il, en détournant les yeux,
  Que tant de glace eût couvert tant de feux !

FABLE VIII.
LE CERF-VOLANT.

Un habitant de l'air planant au haut des nues,
D'une foule nombreuse attiroit les regards :
On ne distinguoit rien. On fait de toutes parts
    Cent conjectures superflues.
C'est un Cigne, dit l'un ; entendez-vous son chant ?
    Un autre : c'est un Aigle....
    C'étoit un Cerf-volant,
Qui porté jusqu'aux cieux sur les aîles du vent,
A l'aide d'une main qui lui servoit de règle,
Serpentoit dans les airs, comme un Être vivant.
Or on sait ce que c'est que cet oiseau-machine,
Qui sans activité si promptement chemine.
S'il est fort élevé, l'on s'y trompe souvent ;
Mais sous son propre poids tôt ou tard il succombe ;
La corde vient à rompre, ou le vent baisse... il tombe.

FABLE IX.
L'ORANGER.

Dans une serre, à force de culture,
    Un Oranger produisit quelques fleurs.
On l'expose au grand jour, on vante les odeurs
    Du favori de la nature,
On vante de ses fruits l'excellence future.
Cependant chaque jour moissonnoit ses honneurs;
Il perdit sa parure; & le digne salaire
    De tant de soins!.... fut une Orange amère.

    Monsieur le Comte, à l'âge de cinq ans,
        Passoit pour un petit prodige:
    Monsieur son père avec grand soin rédige
    Ses faits & dits, & les redit aux gens.
Mais l'âge avance, adieu la petite merveille;
Dans tout ce qu'il a dit l'on cherche en vain du sens:
        Et l'on se demande à l'oreille
        Comment un si joli marmot
    Est devenu si vîte un si grand sot?

FABLE X.

LA CIGALE ET LA FOURMI.

CHANTE, chante, ma belle amie,
Étourdis-toi ; voltige avec légéreté ;
Profite bien de ton Été,
Et vîte hâte-toi de jouir de la vie ;
L'Hiver approche...... Ainsi parloit un jour
La Fourmi thésauriseuse
A la Cigale, à son gré trop joyeuse ;
Avez-vous dit, radoteuse m'amour,
Lui repliqua la chanteuse ?
L'Hiver approche ! Hé bien, nous mourrons toutes deux :
Vos greniers seront pleins, & les miens seront vides ;
Or donc, en maudissant les Dieux,
Vous quitterez bientôt vos épargnes sordides......
Moi, je veux en chantant aller voir mes ayeux.
Aussi je n'ai jamais retenu qu'un adage :
Amasser est d'un fol, & jouir est d'un sage.

FABLE XI.

LE CHEVAL ET L'ANE.

En flairant sa botte de foin,
Un Cheval hennissoit, pour avoir l'ordinaire.
Dans la même écurie un Ane, dans un coin,
    Sur sa paille se mit à braire.
    Le bel écho! dit le Coursier;
Je voudrois bien sçavoir pourquoi ce maraut braille.
    Maître Baudet, pourquoi t'égosiller?
    Que te faut-il? n'as-tu pas de la paille?
Le Roussin repartit: chacun sent son besoin;
Tu voudrois de l'avoine, & moi je veux du foin.

FABLE XII.

LES DEUX LIÈVRES.

Dans un bois, à couvert sous des branches épaisses,
Deux Lièvres à qui mieux se contoient leurs prouesses.
L'un commence: Un beau soir, j'étois bien éveillé,
Je ne sais trop pourquoi; grace au ciel, en son gîte
Lièvre aussi bien que moi n'a jamais sommeillé.
Je vois roder Briffaut, je m'atterre au plus vîte.
Le galant écartoit avec son long museau
Le branchage touffu qui protégeoit ma peau;
   Je ne bougeois non plus qu'un terme.
Il faisoit les yeux doux, le traître! tout à coup
Je me jette sur lui; puis tout net par son cou
   Je vous étrangle mon Chien ferme....
Nous étions tête à tête, & comme on sait assez,
Pour garder un secret vive les trépassés.
On ignore l'auteur de ce coup téméraire;
   On ne m'a point inquiété.
L'aventure, dit l'autre, est assez ordinaire;

Celle qui m'arriva sur la fin de l'Été,
  Est plus rare, sans vanité.
  Je fourageois à l'ordinaire
Dans la plaine voisine avec sécurité :
Je me vois attaqué par une meute entière :
L'avantage du nombre étoit de son côté ;
Il fallut bien ruser pour me tirer d'affaire.
  Pour tâcher de la désunir,
Je fuis, & tous mes Chiens après moi de courir
Plus ou moins lentement : des bassets en arrière
En criaillant battoient, rebattoient les guérêts ;
Deux ou trois Lévriers me conduisoient de vue.
Je tourne contre un d'eux qui me serroit de près ;
Il ne peut soutenir mon attaque imprévue,
Il rebrousse chemin ; un autre en fait autant,
  Ainsi de suite ; en un instant
Au quartier général ils portent le désordre ;
Tous les Chiens éperdus n'écoutèrent plus d'ordre :
Gens & Chiens se croyant suivis de cent Lions,
Regagnent le logis comme autant de Moutons.
  En chemin de crier main forte ;
Arrivés, derrière eux de refermer la porte.
Le Héros commençoit un siége régulier ;

Il donnoit un aſſaut; on demandoit quartier;
Une feuille en tombant démonta ſon courage,
Et ſauva le château tout au moins du pillage.
  . Nos braves confondus
   Se jettent ventre à terre:
Jupiter, dirent-ils, détourne ton tonnerre!
Pardon, ô Jupiter, nous ne mentirons plus.

FABLE XIII.

LE FRÊLON ET L'ABEILLE.

LE FRÊLON diſoit à l'Abeille:
De ton art ſi vanté quelle eſt donc la merveille?
Ton miel eſt aſſez doux, il en faut convenir;
Mais c'eſt le ſuc des fleurs dont tu ſais t'enrichir.
L'Abeille répondit: dans la prairie humide
De l'Aurore avec moi tu viens pomper les pleurs,
  Et cependant des mêmes fleurs
Tu n'as jamais tiré que du miel inſipide.

FABLE XIV.

LA MORT AUX RATS.

La mort de Raminagrobis
Laiſſoit après dix ans reſpirer les Souris.
Les Souris & les Rats conduits par Rongemaille,
Erroient en liberté trouvant par-tout Ripaille.
  Ils pullulèrent à foiſon;
Ratons & Souriceaux trotoient dans la maiſon.
  Pour extirper cette vermine,
Le Maître du logis eut recours au poiſon.
Il leur ſert en un coin un grand plat de farine
A l'arſenic. Ces gens en voyant cette proie,
Se livroient ſans ſoupçon aux tranſports de leur joie.
Enfans, dit un vieux Rat, ſoyons plus circonſpects;
Les dons d'un ennemi me ſont toujours ſuſpects;
Votre allégreſſe ici trop vîte ſe déploie:
Ce que ne put la force en dix ans de combats,
  La ruſe en un jour perdit Troie.
  Sans doute le Neſtor des Rats
En rongeant l'Odyſſée apprit ce trait d'hiſtoire.

Mais il eut beau prêcher, nul ne le voulut croire;
Même il fut bafoué de tout son auditoire.
Radoteur, disoit-on..... Quoi! vous ne pouvez pas
Comprendre tout d'un coup quel est cet artifice!
Barbe grise & bon sens sont brouillés quelquefois.
On veut par ce butin retarder nos exploits;
L'ennemi nous redoute; il fait ce sacrifice
Pour sauver, s'il se peut, son fromage & son lard;
Voilà toute la ruse & toute la malice.
Or sus à ses dépens déjeûnons sans retard;
Puis nous irons après, suivant notre caprice,
Dîner à la cuisine & souper à l'office.
A ces mots à l'envi l'on avale la mort:
<blockquote>On reconnoît enfin son tort;</blockquote>
Mais c'est en expirant dans un cruel supplice.

FABLE

FABLE XV.

L'ÉLÉPHANT ET LE LEVRAUT.

Qu'ai-je fait à Jupin avant que d'être né ?
D'ennemis en naissant je suis environné.
Jeté dans l'Univers sans armes, sans défense,
A la merci de tous je suis abandonné....
      Qu'on est malheureux quand on pense !
Tandis que l'Éléphant armé jusques aux dents,
Et de sa seule masse épouvantant les gens,
      Mange, boit, dort en assurance,
Je vis hélas ! ainsi qu'il plaît aux Dieux :
Toujours l'oreille au guet, jamais fermer les yeux ;
      A tout moment nouvelle transe.
C'est ainsi qu'un Levraut déploroit ses malheurs,
Quand un cor résonna dans la forêt voisine.
Il détale au plus vîte. Éloigné des Chasseurs,
      D'un œil jaloux il examine
      Un Éléphant
Contre un cèdre appuyé dormant paisiblement.

Mais voilà que l'appui sous la masse succombe:
L'arbre à demi coupé se rompt, l'Éléphant tombe.
Entouré tout-à-coup des perfides Veneurs,
Le Géant se réveille étonné de sa chûte,
Pousse un profond soupir & se rend aux vainqueurs.
   Témoin de l'énorme culbute,
Notre Levraut pour lors remercia les Dieux
De l'avoir fait petit, agile & soupçonneux.

FABLE XVI.
MINERVE ET LE HIBOU.

Songe-creux le Hibou, dans son triste réduit,
Aux gazouillis moqueurs des oiseaux de lumière
Déroboit sa figure & sa voix de Mégère.
Le soleil, disoit-il, me chasse avec la nuit !
O Minerve ! faut-il hélas ! que ton Ministre
Passe dans l'Univers pour un oiseau sinistre ?
On me révère encor, cependant on me fuit !
  Sans mérite qu'un vain ramage,
Le chétif Rossignol est le Dieu des forêts ;
De l'imbécille Paon admirant le plumage,
Les Rois de son aspect ne se lassent jamais :
Et moi, qui de penser fais le métier sublime,
On me fuit, on me hait presque autant qu'on m'estime !
Au dire de chacun je suis un malotru.
O que le monde est sot ! que je hais le vulgaire !
Minerve à ce discours répondit en colère :
Si le monde est si sot, de quoi t'affliges-tu ?

FABLE XVII.

LE VOYAGEUR ET LE COLIBRI.

Un Voyageur dormant au pied d'un cocotier,
Réveillé tout-à-coup par un bruit singulier,
    Ouvroit les yeux, prêtoit l'oreille,
Songeant d'où peut venir ce bruit qui l'émerveille.
Colibri le Pygmée, auteur de ce fracas,
Lui dit: n'est-il pas vrai que ma présence étonne;
Que ce n'est pas pour rien que l'air au loin résonne?
Qu'en sais-je? Je t'entends; mais je ne te vois pas,
Reprend le Voyageur, qui dans le moment même
L'apperçoit près de lui: quoi! chétif moucheron,
C'est toi, s'écria-t-il, qui fais ce carrillon!
Reviens, dit l'oisillon, de ta surprise extrême:
Tu vois chez les humains que c'est le plus petit
    Qui fait souvent le plus de bruit;
Hé bien, chez les oiseaux il en est tout de même.

FABLE XVIII.
LA TORTUE ET LES CANARDS.

Une Tortue étoit, qui se plaignoit aux Dieux :
Quelle nécessité de traîner en tous lieux
Mes Lares & mon toit, quand je rampe à grand'peine ?
  C'est hasard si dans ma semaine,
Autour du petit bois qui borne ma prison,
J'achève en haletant mon ennuyeuse ronde.
Ce qui se passe, hélas ! dans le reste du monde,
Je l'ignore ; & peut-être ailleurs ignore-t-on
  Si Jupiter fit des Tortues.
Tandis qu'en un clin d'œil s'élevant jusqu'aux nues,
Tant d'oiseaux parcourant les vastes champs des airs,
  Pénètrent au-delà des mers,
Portent leur renommée aux terres inconnues,
Et de leur existence emplissent l'Univers !
  O toi qui fis les Canards & les Grues,
  Es-tu le Père des Tortues ?
Au moment que l'Infante assourdit les échos,
Elle voit maint Canard faisant la culebute

Du haut des airs au fond des flots;
A cent traits meurtriers les pélerins en bute,
De leur sang rougissoient les eaux.
Quelle chûte!... O Jupin! ces machines mortelles,
S'écria la recluse, ont dessillé mes yeux;
Se donner en spectacle est par trop périlleux;
Conserve-moi mon toit, je me passerai d'aîles.
Tout tremblant, à ces mots, le pauvre bestion
Retire tête & pieds au fond de sa maison.

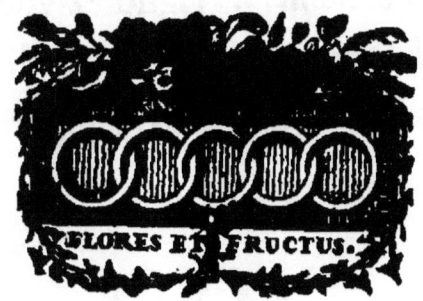

FABLE XIX.
LA BREBIS ET L'AGNEAU.

Un Loup mourut. Les Moutons en lieſſe
Rempliſſoient l'air de leurs cris d'allégreſſe.
Une Brebis rêvant ſeule à l'écart,
A ces tranſports ne prenoit nulle part :
Quoi ! lui dit un Agneau, dans la publique joie,
Bonne mère, au chagrin vous paroiſſez en proie !
    N'entendez-vous pas qu'il eſt mort ?....
Il eſt mort l'ennemi !... l'ignorez-vous encor ?....
    Eh ! non, mon fils, répondit-elle ;
Mais c'eſt aux Bergers ſeuls qu'importe la nouvelle.

FABLE XX.
LE CHEVAL, LE BŒUF, LE MOUTON ET L'ANE.

Quatre animaux divers & d'inſtinct & de nom,
  Dom Courſier, à l'humeur altière,
  Robin Mouton, le débonnaire,
Tête-froide le Bœuf & Maître Aliboron,
Mourant de faim parmi les joncs d'un marécage,
  Convoitoient un gras pâturage
  Qu'en vain ils côtoyoient de près,
Et dont Martin Bâton leur défendoit l'accès.
Tous quatre dévoroient des yeux l'herbe fleurie;
Mais Martin d'en goûter faiſoit paſſer l'envie.
  Robin, tremblant comme un Mouton,
En ſongeant au danger oublioit la diſette;
Dom Courſier, pour ſes faits prôné dans la gazette,
Perdoit tout ſon courage à l'aſpect du bâton.
  Le Bœuf après mûre réflexion,
  Abandonnoit ſes projets de conquête.
Tandis qu'ils ruminoient, l'intrépide Griſon,

Voilà comme l'on fait fortune!

LIVRE II.

Sans tant travailler de la tête,
Du gardien redoutable affronta le courroux;
On a beau le frapper, on ne peut s'en défaire;
Le ladre, sans pudeur, avance sous les coups;
D'un saut victorieux il franchit la barrière;
Et le voilà dans l'herbe enfin jusqu'aux genoux,
Se vautrant, gambadant & broutant, sans rancune.
Ses discrets compagnons le poursuivoient en vain
De leurs regards jaloux: Amis, dit le Roussin,
    Voilà comme l'on fait fortune.

FABLE XXI.
LE LIERRE ET LE ROSEAU.

Le Lierre enorgueilli de l'appui de l'Ormeau,
  Insultoit un jour au Roseau :
  Frêle jouet de la tempête,
Arbuste vain, dit-il, plutôt que d'implorer
Le secours des puissans, je te vois t'atterrer
Devant les Aquilons ; sans te courber la tête
  Zéphyre ne peut respirer.
  J'approuve ta délicatesse ;
Sans doute la fierté sied bien à la foiblesse.
Mais d'avoir su ramper je ne me repens pas.
Que les vents désormais redoublent leurs vacarmes,
  Je vis tranquille & sans alarmes ;
Bien sûr de mon appui, je m'endors dans ses bras.
Et moi j'aime encor mieux céder à la tempête,
Dit le Roseau ; que sert de résister au vent?
C'est un fléau qui passe, & bien fort qui l'arrête :
Mais le calme renaît ; alors le plus souvent
Dans les airs à mon gré je balance ma tête ;

C'est un plaisir au moins qu'un Lierre a rarement :
Peut-il, sans son Ormeau, faire un seul mouvement ?
C'est un méchant parti que de faire dépendre
   Son destin du destin d'autrui ;
   Tel qui te protége aujourd'hui
   Demain ne pourra se défendre ;
Et jusqu'ici les vents ont plus brisé d'Ormeaux
   Qu'ils n'ont arraché de Roseaux,
Sans compter ceux que la hache cruelle....
Comme il disoit ces mots, un fatal Bûcheron
Prononçoit à l'Ormeau sa sentence mortelle ;
Le Lierre y fut compris ; malgré mainte oraison
Tendant à démontrer que c'est une injustice,
Qu'il n'a pas mérité l'honneur de ce supplice,
   On vous le traite en grand Seigneur ;
Le Protégé périt avec le Protecteur.

FABLE XXII.

LE LOUP PÉNITENT.

Un Loup qui fut dans son printems
Le fléau des troupeaux, la terreur des Bergères,
Accablé sous le poids des ans,
Mouroit de faim, pour comble de misères.
Pressé par le besoin, le désolé glouton
Aborde en sanglotant un Berger du Canton.
Faisons la paix, dit-il ; prêt à quitter la vie,
J'ai songé mûrement à ma conversion.
Dans l'âge hélas ! de la folie,
De tes jolis Moutons j'ai passé mon envie.
Sans vouloir m'excuser sur mon intention,
J'ai désolé ta bergerie :
Mais je vais la défendre envers & contre tous ;
Je vais hurler contre les Loups.
Je serois bien tenté d'aller me faire hermite ;
Mais dans la solitude on n'est utile à rien ;
Pour réparer le mal, il faut faire du bien.

Le Berger reprit : hypocrite !
Tu vécus en Loup si long-tems,
Et tu te fais Berger quand tu n'as plus de dents !...
Meurs en Loup ; voilà ton salaire,
Dit-il, en l'assommant ; le retour des méchans
N'est qu'impuissance de mal faire.

FABLE XXIII.

LES CHARLATANS.

Un noir pédant, dans sa chaire incrusté,
    S'enrouoit avec dignité :
Mes enfans, disoit-il, chez moi, quand on s'applique,
    On apprend tout, Dialectique,
    Et Métaphysique, & Physique ;
Sur-tout de bons traités de morale angélique,
    Théorique & pratique,
Pour tous les maux de l'ame infaillible topique....
Chez moi seul on s'éclaire & l'on se forme au bien ;
    Je suis modeste & véridique ;
Seul je sais tout, vous dis-je, & mes Confrères rien.

    De son côté, dans la place publique,
    Sur ses treteaux un brillant Empirique
Crioit à haute voix : Approchez, pulmonique,
Paralytique, étique, asthmatique, hydropique ;
Qui que tu sois, guéris ou crève pour six blancs :
D'un pot d'orviétan décharge ma boutique ;
Pour tous les maux du corps c'est un remède unique...

Je vous donne un avis, mais gratis, mes enfans:
Défiez-vous des Charlatans,
Gens qui parlent sans fin d'utilité publique,
Et dont l'art est celui de vivre à vos dépens.
Ma Fable, je le sens, deviendroit un gros livre,
Si j'y rêvois un peu; mais je n'ai pas le tems.
Que de parleurs publics, d'ailleurs fort braves gens,
Dont on sait bien qu'au fond, malgré les beaux semblants,
La devise est: *Tromper pour vivre.*

FABLE XXIV.

LA SCIENCE.

La Serrure s'applaudiſſoit
Des ſervices qu'elle rendoit :
On ne dormiroit point ſans elle & ſes pareilles.
    La Clef lui dit : Je ſuis l'agent,
Tout l'honneur me revient ; tu n'es que l'inſtrument
    Par qui j'opère ces merveilles.
Y ſonges-tu ? La gloire eſt toute à moi,
Reprend la Main qui tient cette dernière ;
    Tâche un peu d'opérer par toi,
    Pauvre Clef, tu ſeras moins fière.
Le poſſeſſeur de tous ces inſtrumens,
L'Homme leur dit : Pourquoi cette querelle ?
    Moi ſeul, au gré de ma cervelle,
Je ſuis l'auteur de tous vos mouvemens.
    Eh ! qui te fait mouvoir toi-même,
Dit une voix ?... L'Homme reſta muet.
    Ce n'eſt pas là le ſeul problême,
Qui depuis ait de l'Homme abaiſſé le caquet.

FABLE XXV.
LES TAUPES.

Un peuple entier de solitaires,
Sous de spacieux souterrains
Qu'ils se creusèrent de leurs mains,
A su se dérober aux communes misères.
Ils vont creusant, creusant leurs habitations ;
Toujours l'oreille au guet, intrigués sans affaire,
Ils font de leur conduite un ténébreux mystère.
Ces hermites obscurs vivent d'extorsions.
Grugeant, ronflant sans trouble, ils sont tout ronds de graisse.
Aux appétits grossiers d'une fémelle épaisse
Livrant leur embonpoint, ces caffards succulens
Coulent ainsi leurs jours au sein de la molesse.
Pour former leur semblable ils ont de grands talens
Qu'ils exercent sans cesse, à ce que dit l'histoire :
Buffon est mon garant, ainsi l'on peut m'en croire.
D'une énigme si claire on devine le mot :
Les *Taupes*, c'est le nom de ce peuple fallot.

Ire *Partie.* G

FABLE XXVI.
LE CADI ET L'ARABE.

Certain Arabe aimoit son Chien comme lui-même;
Ce Chien réunissoit dans un degré suprême
Toutes les qualités qui font les vrais amis;
  Dons précieux, que chez les hommes
On a peine à trouver dans le siècle où nous sommes.
Hardi dans les dangers, doux & tendre au logis,
Fidéle, vigilant, généreux, secourable,
  De son cher Maître inséparable,
De lui sauver le jour il eut deux fois l'honneur.
Il mourut, & son Maître en fut inconsolable.
  Pour satisfaire sa douleur,
Il le fit enterrer avec cérémonie
  Dans son jardin, sous un berceau,
Et grava de sa main ces mots sur son tombeau:
  Cy gît à qui je dois la vie.
Le soir à ses Amis il donne un grand festin;
Pour rendre du défunt la mémoire célèbre,
Il leur fait en pleurant son oraison funèbre.

LIVRE II.

Le Cadi, dès le lendemain,
Du détail de la fête eut la tête remplie :
Le profane a suivi toute la Liturgie
(Disoient les Délateurs) que prescrit l'Alcoran
Aux obsèques d'un Musulman.
Le scrupuleux Cadi de colère étincelle ;
Il mande le Coupable : Ah ! dit-il, infidèle !
Jusqu'à ce crime infâme as-tu pu t'avilir ?
Est-il vrai qu'à ton Chien tu rends le culte impie,
Qu'au Chien des Sept Dormans, à l'Ane d'Ozaïr
Rend depuis trop long-tems une Secte ennemie ?
Sans se déconcerter l'Arabe répondit :
L'histoire de mon Chien seroit de longue haleine,
Seigneur ; mais un seul trait, qu'on ne vous a pas dit,
De vous être conté peut-être vaut la peine.
En mourant le défunt a fait un testament
Dont voici la première clause :
(Et je vais la remplir, Seigneur, dans le moment)
En faveur du Cadi le Testateur dispose
De mille aspres... Combien ?.. Ai-je bien entendu,
S'écria le Cadi... De mille aspres, dis-tu ?
O Dieu ! punis la calomnie !
Comme les gens de bien sont en bute à l'envie !

Je t'avois cru coupable, hélas! j'ouvre les yeux...
Il a donc fait ce legs pieux !
Viens, puisque Mahomet tout exprès nous rassemble,
Au Ciel pour le défunt offrons nos vœux ensemble.

FABLE XXVII.

LE CERF ET LA FLÈCHE.

Couché près de son arc, au milieu des forêts,
    Un Sauvage dormoit à l'ombre,
    Parmi des victimes sans nombre
Qu'au lever de l'Aurore il perça de ses traits.
Un Cerf appercevant cette sanglante image,
Fut saisi d'épouvante & recula d'horreur;
Mais ayant vu sur l'herbe étendu le Chasseur,
Il osa s'avancer jusqu'au champ de carnage:
Quoi! lui dit une flèche, encor teinte de sang,
Malheureux, peux-tu bien affronter ma présence?
Oses-tu m'approcher avec tant d'assurance,
    Moi, qui peux te percer le flanc?
Le Cerf lui répondit : Vil instrument des crimes,
Je sais trop que par toi l'homme atteint ses victimes;
Dans les mains des brigands ton pouvoir est affreux;
Mais quand le méchant dort... tu n'es pas dangereux.

FABLE XXVIII.
LA PIPÉE.

De tout tems le Hibou, misantrope cruel,
De la gent volatile est l'ennemi mortel.
    Horreur de la nature entière,
Il fuit de l'œil du jour l'importune lumière.
Confiné dans son trou, seulement vers le soir,
Quand la Nuit sur la terre étend son crêpe noir,
Il pousse un cri, signal de son horrible joie;
Vers les sombres forêts enfin il prend l'essor,
Choisissant pour veiller le moment où tout dort.
Sa cruauté dans l'ombre à loisir se déploie....
Pauvres petits oiseaux, que je plains votre sort!
Plus d'un Orphée hélas! du barbare est la proie,
Et passe en un moment du sommeil à la mort.
Mais à peine l'Aurore écarte les ténèbres,
    En poussant des clameurs funèbres,
Il regagne le creux d'un pin vieux & pourri.
Aussi, durant le jour, par son lugubre cri
S'il vient à se trahir, sur les branches prochaines

Tous les chantres aîlés viennent fondre à grand bruit;
D'un gazouillis confus la forêt retentit,
L'arbre est le rendez-vous de mille & mille haines.
L'Oiseleur s'apperçut de leur acharnement,
Et même en profita. Dans l'ombre du feuillage
  Il se pratique un logement,
Hérisse de gluaux le branchage attenant;
Puis le traître imita la voix rauque & sauvage
  De l'ennemi; dans le moment
Tout le peuple de l'air d'accourir à sa perte;
De victimes bientôt la cabane est couverte.
L'Hirondelle, avisée entre tous les oiseaux,
Du haut des airs un jour entendit ce tapage.
Que faites-vous, dit-elle? Ah! quittez ce bocage,
Et croyez-moi; ces cris me semblent des appeaux,
  Ces bâtons menacent ruine.
  Qu'opérez-vous par des clameurs?
L'ennemi, quel qu'il soit, se rit de vos fureurs:
Vous ne le voyez pas, lui seul vous examine;
Il a tout l'avantage.... On jasoit au plus dru
Et l'on n'écoutoit rien, tant qu'enfin dans la glu
L'on s'empêtre les pieds, les aîles; l'on s'écrie,
Mais en vain; maint gluau tombe au premier effort;

L'Homme paroît; l'on perd la liberté, la vie:
Quand il n'en est plus tems l'on reconnoît son tort,
Quand l'erreur est fatale autant qu'elle étoit lourde.

Haine extrême est aveugle & sourde.

FABLE XXIX.

LE SINGE.

Un Singe allant en voyage
Se munit d'un piſtolet;
Car, diſoit-il, on ne ſait
Ce qui peut vous faire ombrage.
Quand on a ſous ſon chapeau
Pour une once de cerveau,
On le montre en toute choſe.
Mais eſſayons, & pour cauſe,
Si je ſuis un bon ſoldat;
Tirons.... feu.... le cœur me bat!...
Le coup part, c'étoit la foudre
Qui mettoit le globe en poudre:
Mon Singe, encore éperdu,
A lui-même un peu rendu:
L'arme, dit-il, eſt terrible,
Et je la crois invincible;
Mais pour oſer s'en ſervir,

Qu'il faut avoir de courage!
Comment en ferois-je usage
Si le bruit m'en fait frémir?

FABLE XXX.

PHILOMÈLE ET PROGNÉ.

Dans une cage suspendue
    Sous un berceau de pampres verds,
Philomèle chantoit de si lugubres airs,
Que sa sœur l'Hirondelle à sa voix accourue,
    Trouva, tout bien considéré,
Que son deuil à ses maux n'étoit pas mesuré.
Vous le savez, ma sœur, votre douleur me tue;
Ne cesserez-vous point de chanter vos malheurs?
Du sort à votre égard vous outrez les rigueurs:
Mille échos l'ont redit, vous êtes prisonnière;
Mais votre goût n'est pas de vous donner carrière.
Ce tranquille berceau vous retrace vos bois;
Les voir, c'est en jouir; je vous l'ai dit cent fois.
Vous êtes resserrée aux bornes d'une cage?
Mais un œil attentif à vos moindres besoins
    Doit adoucir votre esclavage.
    Laissez-moi respirer du moins,
    Ou de vos plaintes éternelles

Contez-moi le sujet. — M'entendrez-vous hélas!
L'oiseau qui fend les airs, ma sœur, ne comprend pas
L'ennui de battre en vain ses côtés de ses aîles.
L'Oiseleur, sans rien dire, au bout de quelques jours
A la pauvre Progné le fit trop bien entendre.
Dans un piége perfide elle se laissa prendre.
   Adieu donc mille & mille tours
Dans les airs, sur les eaux, sous le naissant ombrage;
   Il faut tout quitter pour toujours!
   Pour jamais on la met en cage!
Progné soupira peu ; sa douleur y pourvut,
Et dès le même soir la pauvrette en mourut.

Fin du second Livre.

FABLES.
LIVRE III.

PROLOGUE.
A M. D***

D***, entre nous, vous avez fait mon livre.
Mort avant d'être né, vous l'avez fait revivre :
Il vous doit ce qu'il vaut, s'il a quelque valeur ;
Et vous l'avez fauvé d'un caprice d'Auteur.
Je voulois le brûler, mais vous me fîtes rire :
Sera-ce en le brûlant que nous l'amenderons ?
Corrigeons-le d'abord ; puis nous le brûlerons.
Ce fut-là votre arrêt : il fallut y foufcrire.
   J'ai donc corrigé, fupprimé ;
   Et voilà mon livre imprimé,

Assez épais encore, & beaucoup trop peut-être ;
Reste donc à brûler ; vous en êtes le maître.
  Mais du moins agréez l'hommage
  De l'Apologue que voici.
  C'est moins que rien ; mais Dieu merci,
Le mot m'en plaît ; non pas parce qu'il est d'un sage,
Mais parce qu'il exprime un sentiment bien doux,
Sentiment propre à l'homme & propre à tous les âges,
Sentiment qu'on respire en lisant vos ouvrages,
Et beaucoup mieux encore en vivant avec vous.

Il est foible, innocent... je lui dois mon secours

Fable I. Liv. III.

FABLE I.

XÉNOCRATE ET LE MOINEAU.

Poursuivi par un Épervier,
Un Moineau tout tremblant vint se réfugier
Sur les genoux de Xénocrate.
Le tendre Philosophe étendant son manteau,
En couvre le petit oiseau,
Puis dans son sein le réchauffe & le flatte...
« Hélas! dit-il, on en veut à ses jours!..
» Il est foible, innocent.... Je lui dois mon secours. »

FABLE II.

LE ROSSIGNOL ET LA CHAUVE-SOURIS.

Philomèle chantoit, non sous le doux ombrage;
La pauvre infortunée! elle chantoit en cage;
Encor c'étoit la nuit, se taisant tout le jour.
Une Chauve-Souris qui rodoit à l'entour,
    Lui dit : Pourquoi cet éloquent murmure,
      Quand tout se tait dans la nature?
Pourquoi t'égosiller quand on n'écoute plus?
Crois-moi, ces sons flutés dans l'ombre sont perdus;
Tu chanteras demain. Ah! reprit la pauvrette,
Mes chants durant le jour ont causé mon malheur,
    Ils m'ont livrée à l'Oiseleur;
Le jour, depuis ce tems, Philomèle est muette.

FABLE III.
LA CHÈVRE.

Dame Barbe la Chèvre alloit toujours grimpant
De roc en roc, escaladant
Maint buisson où son poil accroche,
Et donnant contre mainte roche,
Qui ne peut empêcher que Barbe à saut perdu
Gagne le haut d'un mont pendant en précipices,
Qui se termine encore en un rocher pointu
Où Barbe veut encore élever ses caprices.
Elle est toujours trop bas tant qu'il reste à grimper;
C'est au point le plus haut qu'elle entend se camper.
Dame Barbe, à la tête folle,
S'aventure & tente le saut;
Mais à ce dernier pas son pied fourchu lui faut,
Et la voilà qui dégringole
Du haut en bas,
Et par même chemin de la vie au trépas.

FABLE IV.
LE COCHET ET LA PIE.

Un Cochet apperçut au faîte d'un clocher
    Un Coq rayonnant de lumière.
Après de vains efforts pour aller se percher
A ses côtés : Comment celui-ci put-il faire
Pour franchir, disoit-il, cette immense carrière,
Tandis qu'à mon fumier je ne puis m'arracher ?
Oh ! comment il a fait, dit une vieille Pie,
Qui dans la basse-cour alloit chercher sa vie ?
J'étois fort jeune encore, il m'en souvient vraiment;
Une main le plaça dans ce poste éminent.
Cet être si trompeur à qui l'on porte envie,
Et que l'on croit un Coq par lui-même éclatant,
Je l'ai vu de fort près, n'est qu'une girouette,
    Qui peut-être au premier moment
Fera la culebute après la pirouette.
Ce qui brille de loin nous impose souvent ;
Modérez, croyez-moi, l'ardeur qui vous enflamme:
Pour occuper ce poste, il faut un corps sans ame,
Beaucoup de faux-brillant, & tourner à tout vent.

FABLE V.

LE VIEUX RENARD.

Le Roi Lion fit choix d'un vieux Renard
Pour députer au Sultan Léopard.
Il s'agissoit d'un traité difficile,
Qui demandoit Ambassadeur habile.
Mais le Renard lui dit : Sire Lion,
Chargez quelqu'un de la commission.
Pour terminer à souhait telle affaire,
Il faut tromper ; la chose paroît claire :
Or de tromper n'est plus en mon pouvoir,
Quand il seroit encore en mon vouloir.
A réussir ma vieillesse alarmée
Voit un obstacle. — Eh quel ? — Ma renommée.

FABLE VI.

JUPITER ET L'ABEILLE.

Avec quelle rigueur nous traita la nature,
    Difoit l'Abeille à Jupiter !
Nos tréfors à grand'peine amaffés pour l'hyver,
De l'homme audacieux deviennent la pâture.
Au fein de l'abondance on nous fera périr !
    Jupiter, tu vois nos alarmes ;
    C'eft à toi de nous fecourir :
Pour jouir de nos biens, il nous faudroit des armes.
Ce que vous demandez peut vous être fatal,
    Reprit le Monarque fuprême :
Des armes ? Pauvre infecte !.. ah ! j'ai peur qu'à vous-même
Ce don de ma bonté ne faffe bien du mal.
    L'Abeille infifte ; elle eft armée.
    Mais que lui fert fon aiguillon
    Et fa piquure envenimée ?
Sa défenfe aux brigands paroît rébellion,
Et la ruche au pillage eft livrée à fa vue :
Si l'Abeille fe fâche, elle pique..... on la tue.

FABLE VII.

LE LION ET L'ÉLÉPHANT.

Deux Princes des forêts, le Lion, l'Éléphant,
Dépouillés de leur sceptre & devenus esclaves,
Du Despote commun reçurent des entraves.
Le Lion furieux dans ses fers s'agitant,
Par ses rugissemens épouvanta son Maître :
L'Éléphant le servit sans lui faire paraître
   Un courroux dès-lors impuissant;
Sans murmure, du sort il soutint les caprices;
Il rendit & bientôt reçut de bons offices;
L'Homme lui confia même la liberté.
Il n'en abusa point; par sa fidélité
Il fut chéri vivant, & mourut regretté.
Tandis que le Lion ensanglantant ses chaînes,
A travers les barreaux d'une double prison,
Excitoit moins d'effroi que de compassion,
  Et mettoit le comble à ses peines
  Pour ne pouvoir s'y résigner.

L'Éléphant le plaignoit, sans le rendre plus sage;
Et le voyant périr de l'excès de sa rage:
Malheureux! lui dit-il, tu ne sais que régner!

FABLE VIII.
LE CHAT ET LE RAT.

Un Disciple de Pythagore,
Indien d'origine & Chat de son état,
Prétendoit avoir été Rat:
De mon premier métier je me souviens encore,
Ne crains de moi griffe ni dent,
Disoit un jour Maître Hypocrite
A certain Rat qui fuyoit au plus vîte.
Voudrois-je m'exposer à manger mon parent?
Crois-moi, ta Nation me sera toujours chère:
Mon esprit a changé de corps;
Mais je suis Rat dans l'ame; embrasse-moi, mon frère.
Le Rat reprit: Mitis, tu fais de vains efforts:
Malgré ta face minaudière,
Dans tes yeux à certain éclat
Je lis trop bien, mon vieux Confrère,
Que les Rats en changeant d'état,
Changent aussi de caractère.

FABLE IX.

LE PAON, LE ROSSIGNOL ET L'ÉTOURNEAU.

Le Paon difoit un jour: On m'entend peu chanter;
C'eſt que je chante mal; à quoi bon ſe flatter?
Moi, dit le Roſſignol, ſi je vis en hermite,
C'eſt que je ſuis fort laid; que ſert d'être hypocrite?
Admirable candeur! reprit un Étourneau.
Contre ces doux aveux honni ſoit qui proteſte;
Mais ſi l'un chantoit bien, & ſi l'autre étoit beau,
Peut-être diroit-on: L'un & l'autre eſt modeſte.

FABLE X.

LE PAPILLON ET LA CHENILLE.

Dans les bosquets de Flore, au gré de ses desirs,
Un jeune Papillon varioit ses plaisirs.
Plus loin, sur le rameau d'un murier solitaire,
  Un Vermisseau
 Lugubrement construisoit son tombeau.
De son travail obscur la pécore étoit fière.
Malheureux! disoit-il à son heureux voisin,
Le sage à tout moment considère sa fin;
Nos jours à tous les deux s'écouleront bien vîte!...
Pour moi, grace à mes soins, voici mon dernier gîte,
  Et j'attends l'heure du destin....
Mais toi, pauvre insensé, qu'un feu léger dévore,
As-tu fait ce matin tes adieux à l'Aurore?...
Tandis qu'il peroroit, le rival des Zéphirs
Leur donnoit à ses yeux de nouveaux déplaisirs.
 Bref il en fait tant & tant que l'hermite
 Dont la vertu n'y pouvoit plus tenir,

Dans son tombeau se renferme au plus vîte.
Au bout de quelques jours fatigué de dormir,
Pour revoir la lumière il sort de sa cellule...
Dieux!... qu'est ceci, dit-il?... J'ai des aîles!... volons;
Je serois idiot, si j'en faisois scrupule;
Je n'ai que trop rampé.... Vive les Papillons!
Papillon, mon ami, finissons nos querelles;
Jouissons du présent, voltigeons.... j'ai des aîles.

FABLE XI.

LE ROSIER ENTÉ SUR LE PÊCHER.

Enté sur le Pêcher, le Rosier fleurissoit
   Produisant mainte & mainte rose.
Fier d'avoir opéré cette métamorphose
   Le Jardinier s'applaudissoit ;
La singularité donnoit prix à la chose.
Le Pêcher cependant déploroit son malheur :
    Humains! quelle est donc votre erreur !
    Aux fruits de mes rameaux fertiles
    Vous préférez des fleurs stériles,
Dont un seul jour voit naître & moissonner l'honneur!
Pour corrompre ma sève & détruire ma force,
Barbares, falloit-il déchirer mon écorce?
Je devois être un arbre, & suis un arbrisseau!
    Nourri des larmes de l'Aurore,
Je serai trois matins un prodige nouveau,
Les amours du Zéphyr, le favori de Flore;
    J'aurai fleuri dans le printems;
    Mais que ferai-je dans l'automne?

Je tomberai flétri par les cruels Autans,
Sans pouvoir obtenir un regard de Pomone!

Que d'illustres Auteurs de riens ingénieux,
   En souffrant les mêmes atteintes,
Auroient pu du Pêcher renouveller les plaintes!
   Grace à l'esprit minutieux,
Qui semble de nos jours diriger toutes choses,
O combien de Pêchers n'ont produit que des Roses!

FABLE XII.
MOT D'APPELLE.

Un Barbouilleur peignit Cypris;
Il n'y plaignit point la parure;
Des diamans & des rubis,
Or & bijoux de tous les prix;
Mais sous sa riche bigarrure
Vénus faisoit pauvre figure.
Cependant le Peintre amoureux
De sa brillante géniture,
Court chez le Roi de la Peinture,
Le tendre Appelle : Ouvrez les yeux,
Dit-il, pour admirer mon œuvre;
Et, croyez-moi, c'est un chef-d'œuvre;
Tous mes rivaux m'ont approuvé....
« Je t'approuve aussi, dit Appelle,
» Si tu n'as pu la faire belle,
» La faire riche est bien trouvé. »

FABLE XIII.
LA LINOTTE.

De ses demeures maternelles
  Dédaignant l'humble obscurité,
Une Linotte un jour fit l'essai de ses aîles.
  Après avoir bien voleté,
Elle apperçut un pin dont la cime touffue
  Alloit se perdre dans la nue.
La hauteur de cet arbre aisément la séduit;
Elle vole au sommet, elle y pose son nid.
Sur ce trône, des airs elle se croit la reine,
Et d'un œil satisfait contemple son domaine.
Un orage survient; la pauvrette à l'essor
  Dans les champs s'ébatoit encor,
Quand son petit palais fut frappé de la foudre....
De retour, plus de nid!.. le pin réduit en poudre!..
Ah! dit-elle, y pensois-je? En m'approchant des cieux,
  J'allois au-devant du tonnerre!
Renfermons-nous plutôt dans le sein de la terre;
La foudre rarement tombe sur les bas lieux.

Un autre nid fous l'herbe eſt commencé fur l'heure.
L'humidité, les vermiſſeaux
Lui font abandonner ſa nouvelle demeure....
Toute poſition hélas! a ſes fléaux,
Et le bonheur n'eſt point encore dans la fange;
Voyons un peu plus haut.... Inſtruit par le malheur,
Dans un buiſſon épais, de moyenne hauteur,
Que bien que mal enfin le beſtion s'arrange;
Il y trouva le calme.... & c'eſt-là le bonheur.

FABLE XIV.

LE PEUPLIER ET LA VIGNE.

La Vigne un jour pria le Peuplier
    D'être l'appui de sa foiblesse :
Elle succombera sous le fruit qui l'oppresse,
    Si sa Grandeur ne daigne l'étayer.
      A sa prière favorable,
Le Peuplier reçut la Vigne dans ses bras,
Et daigna lui servir lui-même d'échalas.
Le Buisson censura cette action louable.
L'emploi pour un tel arbre étoit-il honorable?
Le Peuplier lui dit : Je relève son sort ;
Ce soin, de la grandeur est le noble apanage ;
Et des présens des Dieux c'est le plus digne usage :
Pour étayer le foible ils créèrent le fort.

FABLE XV.
LE HIBOU ET LE PIN.

Chargé de la haine du monde,
Le Hibou promenoit sa misère à la ronde,
Sans pouvoir rencontrer un asyle. Un vieux Pin
Retira par pitié le méchant dans son sein;
Mais il se repentit de ce soin charitable.
Son Seigneur à bon droit ennemi du Hibou,
Des Braconniers, dit-on, le plus impitoyable,
Veut qu'on aille aussi-tôt l'assiéger dans son trou:
Même il ne prétend pas qu'on épargne son Hôte,
Qui quelque jour encore en ses flancs caverneux,
Pourroit donner retraite à ces brigands honteux.
Le Pin demanda grace: eh! quelle est donc sa faute?
Pour les crimes d'autrui doit-il être immolé?
  Sa complainte fut inutile,
 Le Bucheron n'en fut point ébranlé;
Pour perdre les méchans on détruit leur asyle.

FABLE XVI.

LE ROSSIGNOL ET SES PETITS.

La tendre Philomèle oubliant ses malheurs,
  Dans un bocage solitaire
D'un amour légitime éprouvant les douceurs,
Se livroit sans remords au plaisir d'être mère.
Tandis qu'elle en remplit les devoirs les plus doux,
  Près du nid, son fidèle époux
De leur commun bonheur entretenoit la terre.
Les Oiseaux en silence admiroient ses accens,
  Quand le tyran de la nature,
L'Homme, affligea l'auteur de ces airs ravissans.
  Son œil pénètre la verdure,
Où le pauvre Amphion coule sa vie obscure
  Dans une douce oisiveté,
Dans le sein de la paix & de la liberté,
Et bien loin de prévoir sa cruelle aventure.
Mais l'Homme a vu le nid; vîte il y grimpe; en vain
Les petits & la mère implorent l'inhumain:

De leur père, dit-il, je connois le ramage ;
Rossignolets mignons, vous chanterez en cage.
Le Rossignol depuis ce tems,
Dès qu'il eut des petits, interrompit ses chants.

FABLE XVII.

LE HANNETON ET LE VER DE TERRE.

Le Hanneton difoit au Ver de terre :
Ramperas-tu toujours ? que ne prends-tu l'effor ?
  Imite-moi, pauvre butor :
  Quitte la fange & la pouffière,
 Viens habiter les champs de la lumière,
  Viens frayer avec les oifeaux.
Un Gros-bec affamé, comme il difoit ces mots,
Saifit l'infecte aîlé, lui fuce les entrailles,
Et de fon fang gorgé, le rejette expirant
  Dans le limon, auprès du Ver rampant...
   Et la fcène étoit à Verfailles.

FABLE XVIII.
L'ABEILLE ET LE FRÊLON.

L'Abeille dans les champs rencontra le Frêlon :
Gros caffard, lui dit-elle, as-tu la panfe pleine ?
As-tu bien goulument ravagé ton chardon ?
Vas dormir maintenant, vas-t'en reprendre haleine ;
  Car tu ne prendrois pas la peine
De mettre en magafin ton miel délicieux ;
On pourroit l'enlever pour la bouche des Dieux ;
C'eft bien affez pour toi de lefter ta bédaine.
Le Frêlon repartit : je fais que ton tréfor
Eft un peu plus tentant ; mais c'eft pour ta ruine.
  Gare l'Hiver & la famine,
  Gare l'efclavage ou la mort.
C'eft moi qui te le dis, fans être politique ;
Tu ne jouiras point du fruit de tes travaux.
La richeffe a perdu mainte autre République.
Pour nous, nous n'allons point & par monts & par vaux
Butiner, entaffer, pour exciter peut-être
  Quelque jour l'appétit d'un maître ;

A peine amaſſons-nous pour les beſoins urgens;
Nous grugeons chaque jour le reſte à belles dents.
Auſſi ſavons-nous bien faire un repas champêtre
Et frugal; nous vivons moins délicatement;
   Mais nous vivons plus sûrement.
On n'a point d'intérêt d'éventer notre ſerre.
Eh! que gagneroit-on à troubler les Frêlons?
   Crois-moi, de bons coups d'éguillons,
Rien de plus; ce butin ne payeroit pas la guerre:
   Apprends de nous que Pauvreté
   Eſt la mère de Liberté.

FABLE XIX.
LE CROCODILLE.

De l'Égypte autrefois & l'idole & l'horreur,
Le Crocodille, aux yeux d'un peuple adorateur,
Sur le Cheval marin, le rival de sa gloire,
Venoit de remporter une illustre victoire....
Vain triomphe!... tandis qu'en des hymnes pompeux
Ses Prêtres élevoient ses exploits jusqu'aux cieux,
    Ce Monstre étendu sur la rive,
A ces airs éclatans mêloit sa voix plaintive....
Il expire en poussant de lamentables cris,
Au milieu des transports de la publique joie!...
Un ennemi secret, quoique des plus petits,
Le plus terrible hélas! de tous ses ennemis,
L'Ichneumon du Vainqueur, du Dieu, rongeoit le foie!

FABLE XX.
LES DEUX JUPITERS.

Un Jupiter d'or pur, massif comme un lingot,
  Au demeurant un vrai magot,
  Apostropha son Statuaire :
Quand tu m'as prodigué la plus riche matière,
Pourquoi, lui disoit-il, m'as-tu plaint la façon ?
Des Dieux & des Humains reconnoît-on le père ?
De Jupiter hélas ! je n'ai rien que le nom.
Ton art s'est épuisé sur une terre vile ;
Cet idole chétif, ce Jupiter d'argile,
Semble encor des Géans foudroyer les desseins,
Tandis que le tonnerre est gelé dans mes mains !
Je pèse, voilà tout ; c'est mon mérite unique.
  Qui daignera m'ériger des autels ?
Mon sort est de languir au fond de ta boutique,
  Ou d'être un jour le jouet des mortels.
   Ingrat ! reprit le Statuaire,
   Est-ce à toi d'envier ton frère ?
Hé, dis-moi, n'ai-je pas balancé vos destins ?

Ton voisin en partage a reçu le mérite,
La richesse est ton lot ; à grand tort tu te plains ;
Quand tu connoîtras les humains,
Tu verras que ta part n'est pas la plus petite.

FABLE XXI.
LE CHAT ET LES DEUX SOURIS.

Que je tremble pour toi, ma chère,
Quand je te vois roder seulette à tout moment
En des lieux fréquentés du mauvais garnement
   Qui mangea ma sœur & ma mère!
Ainsi parloit un jour Finette la souris
   A Friande sa bonne amie,
Qui n'avoit encor vu le matou de sa vie.
Fais-moi donc le portrait de Raminagrobis,
  Dit celle-ci; pour éviter le traître,
  Tu m'avoueras qu'il faudroit le connaître.
Peins-toi, reprit Finette, un modeste maintien,
Un regard des plus doux avec des yeux de flamme,
Une voix langoureuse & qui pénètre l'ame,
L'air de la bonté même & le cœur d'un vaurien.
Parmi les agrémens qu'il eut de la nature,
On est frappé d'abord de sa riche fourrure,
De sa peau tachetée & de toutes couleurs;
Mais le plus dangereux de ses appas trompeurs,

LIVRE III.

C'est une queue enchanteresse
Dont le perfide a l'art d'éblouir notre espèce.
Du reste pour la forme, ou du moins à peu-près,
Il ressemble aux Souris, dont il a tous les traits.
Friande à ce portrait ravie,
De connoître le Chat grille au fond de son cœur :
Oh! dit-elle, il faut voir ce charmant imposteur,
Et si l'original ressemble à la copie ;
Le voir, rien plus : fût-il le plus tigre des Chats,
Pour le voir on n'en mourra pas.
Et d'aller à la découverte,
Sans mot dire, au grand trot elle court à sa perte.
Elle apperçoit le Chat qui prenoit ses ébats
Au beau soleil ; le cœur lui bat à cette vue ;
Le Chat tourne la tête, elle se croit perdue :
Mais le Mitis dissimulant,
En lorgnant de côté, de dormir fait semblant.
Ah! dit le Souriceau, voyez la calomnie ;
J'ai rencontré ses yeux ; & m'a-t-il poursuivie?
Moi, je m'en doutois bien qu'un si bel animal
N'étoit pas si méchant. Sa crainte un peu passée :
Qu'il est beau, disoit-elle ! où trouver son égal ?
Et de voir le Minet toujours plus empressée,

Elle avance toujours vers le terme fatal;
Enfin pour reculer je suis trop avancée,
C'en seroit fait de moi, s'il m'eût voulu du mal.
A ces mots oubliant le sermon de Finette,
   D'elle-même hélas! la pauvrette
   Va sous la griffe du Matou,
Qui n'eut pour la croquer rien qu'à baisser le cou.

FABLE XXII.

LA POULE BIEN AIMÉE.

HISTOIRE VÉRITABLE.

Une Poule pondoit tant que c'étoit merveille :
C'étoit la Poule fans pareille ;
A payer fon tribut elle ne manquoit pas.
La Dame du logis en faifoit un grand cas ;
On le croira fans peine, elle étoit délicate,
Elle aimoit les œufs frais, & n'étoit pas ingrate.
Qu'on ait foin de ma Poule, elle vaut fon poids d'or ;
Je l'aime à la folie ; enfin c'eft mon tréfor.
On en eut fi bien foin, que bientôt la Poulette
Qui prenoit l'orge à gré, devint fi rondelette
      Qu'elle en pondit plus rarement ;
Bientôt la voilà graffe, & d'œufs plus de nouvelle.
La Dame s'en plaignit d'abord fort doucement,
Puis jeta les hauts cris, puis s'y prit autrement :
Vous ne pondrez donc plus, o gentille fémelle ?
Vraiment j'en fuis d'avis, on nourrira la belle

Pour avoir le plaisir de l'entendre chanter;
A moins que ce ne soit pour la voir coqueter....
Qu'on lui prenne la gorge, & tôt qu'on la lui coupe,
Car je prétends qu'elle est fort bonne à mettre au pot.
Aussi-tôt fait que dit, & l'on n'en dit plus mot....
　　On fit l'éloge de la soupe.

FABLE XXIII.
LE BONZE ET LE CHIEN.

Un Bonze fut mordu d'un Chien,
Il pouvoit riposter par un coup de massue ;
Il se vengea par un autre moyen :
Ma loi ne permet pas, dit-il, que je te tue ;
Je ne te tuerai pas, mais tu n'y perdras rien ;
Et je vais te donner mauvaise renommée.
Il tient parole, & dans l'instant
Crie : *au Chien enragé* ; le peuple en fait autant ;
Estafiers d'accourir, la bête est assommée.

FABLE XXIV.

LES CHIENS, LES GUÊPES ET LE HÉRISSON.

Les Guêpes autrefois, avec un grand courage,
    Firent la guerre au Hérisson.
L'histoire ne dit point à quelle occasion;
Mais ils étoient voisins, que faut-il davantage?
    L'air résonnoit à l'environ:
Dix mille contre un seul! elles vont faire rage.
(Elles ne comptoient pas le nombre de ses dards)
Guêpes sur l'ennemi fondent de toutes parts,
Guêpes payèrent cher cette sotte équipée.
    Le Hérisson, seul contre tous,
Contre chaque Adversaire allongeoit une épée;
Et de longueur, Dieu sait, & s'il paroit les coups.
Les escadrons aîlés d'eux-mêmes s'enferrèrent,
    Et par centaines s'enfilèrent.
Le combat ne finit qu'avec les combattans.
Le Hérisson chargé d'ennemis expirans
Remportoit à la fois l'armée & les bagages,
    Il marchoit à gros équipages....
                           Mais,

Mais, ô d'un grand triomphe infortuné retour !
    Chemin faisant il rencontre une meute ;
Et tous les Chiens d'aboyer à l'entour.
        Grande émeute !
Il se met en défense, il dresse ses piquans :
On l'attaque ; il tient ferme, & par mille blessures
    Il venge les moindres morsures.
    Et cependant les assaillans
Redoublent leurs efforts ainsi que le tapage.
Tayaut qui s'est piqué ne se sent plus de rage ;
Il revient au combat ; percé de mille dards,
Il rejette en fureur & ressaisit sa proie :
    La douleur, la cruelle joie
    Étincellent dans ses regards ;
Son sang coule & se mêle au sang de sa victime :
Le Hérisson mourant lui dit : Que t'ai-je fait ?...
Il expire ; & Tayaut dit aux Chiens : En effet
    Je ne sais pas quel est son crime.

Ire Partie.

FABLE XXV.

LE POURCEAU ET LE CHIEN.

UNE NUIT Dom Pourceau crioit à pleine tête;
C'étoit un bruit, une tempête
A rendre les gens sourds; quel voisin qu'un Cochon,
Dit le dogue Mouflar! Qu'as-tu? T'égorge-t-on?
Pas encor, reprit-il; mais mon heure s'approche;
Je ne rêve jamais que coutelas & broche:
Jour & nuit je frissonne, & jusqu'au Pourvoyeur
Qui m'apporte à manger, tout me glace d'horreur...
  Oui, crois-moi, mon trépas s'avance:
Tout le monde à ma mort a par trop d'intérêt;
Hier dans tous les yeux j'ai trop lu mon arrêt....
Demain à mes dépens ici l'on fait bombance,
Demain à mes dépens Mouflar emplit sa panse;
Et juge si mes cris sont ou non de saison.
  Le malheureux avoit raison;
Le Boucher s'apprêtoit; la triste prophétie
Avant le point du jour se trouvoit accomplie.

Les plus poltrons souvent ne sont pas les plus fous.
O vous de qui la mort feroit le bien de tous,
Qui peut vous assurer d'un seul moment de vie?

FABLE XXVI.
LA VIEILLE ET LE SAPAJOU.

Le plus balourd des Sapajoux
Vit une Vieille à deux genoux,
Le nez armé de ses lunettes,
Qui s'escrimoit de ses tournettes.
Quelqu'un vint & l'interrompit.
Mon Sapajou tems ne perdit :
S'emparer du laboratoire,
Y tout brouiller, comme on peut croire,
Ce fut l'ouvrage d'un moment.
N'importe, il va toujours tournant,
Comptant faire une belle avance.
La Vieille rentre en diligence :
Çà, dit-il, j'ai bien opéré,
Vous me payerez à votre gré.
Oh ! je suis un tourneur habile :
Au premier coup tout m'est facile.
Je vais te payer comme il faut,

LIVRE III.

Fit la Devideuse aussi-tôt;
Je m'en doutois, maudite bête,
Que tu faisois un coup de tête....
J'avois belle affaire vraiment
Qu'il s'en vînt mêler ma fusée....
La besogne la plus aisée
Demande plus d'entendement
Que tu n'en as, toi ni ta race,
Qui brouille tout, quoi qu'elle fasse;
Mais attends-moi, maître ouvrier,
Je vais t'apprendre ton métier.
Et béquille d'entrer en danse;
Il fut étrillé d'importance.

FABLE XXVII.

LA SOURIS CHANGÉE EN CHAUVE-SOURIS.

La Souris se plaignoit aux Dieux de son état :
       En est-il un plus misérable ?
       Toujours trembler devant le Chat ;
       Contre sa griffe impitoyable
N'avoir d'autre refuge hélas ! que ces vieux murs !
Languirai-je toujours dans ces réduits obscurs ?
Oh ! si, comme l'Oiseau, j'avois reçu des aîles,
Je serois au-dessus de ces transes mortelles !...
       A peine prononcés,
       Ses vœux sont exaucés ;
D'aîles, dans le moment, Jupiter l'a pourvue ;
La voilà dans les airs à son gré suspendue :
Rampez, Messieurs les Chats ; je ne crains plus vos dents.
Cent Chats aîlés soudain se mettent à sa suite....
Quoi des Chats dans les airs !... & par-tout des tyrans !...
       Pour échapper à leur poursuite,
Le pauvre Oiseau-Souris se blotit dans un trou....
Elle craignoit le Chat ; elle craint le Hibou.

FABLE XXVIII.
LE SINGE ET LE CHAT.

Le Singe dit au Chat : L'Homme a-t-il tant d'esprit ?
Pour moi, si je l'ai cru, c'est qu'on me l'avoit dit.
Eh ! qu'a-t-il plus que nous ? Son fait n'est que du verbe :
Tu sais force bons tours qu'il ne saura jamais ;
Moi, j'en fais quelques-uns qui ne sont pas mauvais ;
Et *malin comme un Singe* est devenu proverbe.
Mais, répondit le Chat, nos tours sont ses plaisirs ;
Il sait nous diriger au gré de ses desirs ;
Nous faisons ce qu'il veut en suivant nos caprices :
Nos bonnes qualités de même que nos vices,
    Il tourne tout à son profit....
On ne t'a point trompé, l'Homme a bien de l'esprit.

FABLE XXIX.

LA TORTUE ET L'HIRONDELLE.

Eh quoi? Vous bâtissez toujours sur un modèle?
Que vous sert donc d'errer en cent climats divers,
Si vous n'en rapportez quelque mode nouvelle?
Vous venez, dites-vous, de par-delà les mers,
Et vous ne changez rien à votre vieil usage :
C'est toujours même habit, toujours même ramage.
Hélas! si comme vous je pouvois voyager,
Moi, de la tête aux pieds on me verroit changer ;
Mais les Dieux m'ont clouée à mon toit, quel dommage!
Voilà comme ils sont faits ; ils donnent les talens
A qui ne sait tirer parti de leurs présens.
C'est ainsi que parloit autrefois la Tortue
A Progné, d'outremer depuis peu revenue
   Avec l'Amour & le Printems,
Et qui faisant cent tours aux bords d'une rivière,
De son nid à la hâte humectoit la matière.
Ma Commère, êtes-vous sujette à ces vapeurs,

Dit Progné?... Vous parlez de modes & d'usages!...
Le sage pour s'instruire entreprend ses voyages;
Il garde ses habits & réforme ses mœurs.

FABLE XXX.
LES DEUX ORMEAUX.

Sur les bords opposés d'une même rivière,
   D'une diverse manière,
  Croissoient à l'envi deux Ormeaux.
  L'un dépouillé de ses rameaux,
Élevoit dans les airs sa tige ambitieuse ;
Une serpe inhumaine autant qu'industrieuse
Le mutiloit sans cesse, élaguoit tous les ans
   Tous ces branchages renaissans,
  Qui détournant la sève nourricière,
Arrêtoient le progrès de la branche première.

   L'autre croissant de toutes parts,
   Simple élève de la Nature
   Qui distribuoit sans égards
Dans ses rameaux divers la même nourriture,
   Ne surprenoit point les regards
   Par la hauteur de sa stature :
   Mais il avoit d'autres attraits ;
Il étendoit au loin sa riante verdure,

LIVRE III.

Retraite des Oiseaux, asyle des vents frais;
Et sa tige à l'abri de son branchage épais,
Des cruels Aquilons repoussoit les injures,
Tandis que le Géant mouroit de ses blessures.

    Qu'il en coûte pour être grand!
    Nos passions sont ce branchage,
Qu'il faut sacrifier au desir dévorant
De s'élever, qui seul ne veut point de partage.
    De la grandeur quel est donc l'avantage?
    Les Grands sont plus voisins des Dieux;
Ne sont-ils pas aussi plus voisins du tonnerre?
    Ah! demeurons plus près de terre,
Et ne nous occupons que du soin d'être heureux:
A tout sacrifier je ne puis me résoudre
Pour obtenir l'honneur de périr par la foudre....
Croissez à votre gré, mes innocens desirs,
Mes chères passions, sources de mes plaisirs;
    Mais vous avez chacune vos mérites;
Je veux vous partager mes momens les plus doux;
    Plus de passions favorites,
Je ne veux plus souffrir de tyrans parmi vous.

Fin du troisième Livre.

FABLES.
LIVRE IV.

PROLOGUE.

Des champs que foula notre enfance
L'image est toujours chère à notre souvenir.
On ne revoit jamais sans un nouveau plaisir
Ce théâtre touchant des jeux de l'innocence.
Dans ces lieux où le cœur apprit à s'enflammer,
D'une flamme nouvelle il se sent ranimer.
Non, tu n'es point un songe, amour de la patrie!
Passion vive & pure, instinct délicieux,

La plus noire misantropie
N'étouffera jamais tes élans vertueux.
Malheur à l'ame vile & dure
Que l'avarice enlève à ses rians vergers;
Qui cherchant la fortune en des bords étrangers,
Au sordide intérêt immole la Nature!
Malheur au cœur sensible & facile à s'aigrir,
Qui pour un léger déplaisir,
Pour une injure hélas! peut-être imaginaire,
Au fond d'un exil volontaire
Va pour jamais s'ensevelir....
L'insensé, sur le point de finir sa carrière,
Tourne vers sa patrie une humide paupière!...
Humble chaume! heureux champs, mes premières amours!
Puissé-je terminer mes jours
A l'ombre du Noyer antique,
Protecteur de ce toit rustique,
Où vingt fois récréé par un nouveau Printems,
J'ai goûté des plaisirs si purs & si touchans!
C'est-là que quelquefois la Muse solitaire
Me traduit en langue des Dieux
Le langage muet de la Nature entière:
Dans un calme religieux,

Mes yeux s'ouvrent, mon cœur écoute….
Ce fut ainsi que j'entendis
Ce que disoit un jour la Caille à la Perdrix,
Au tems où la première aime à se mettre en route!

FABLE I.

LA CAILLE ET LA PERDRIX.

La terre avoit perdu les riches ornemens
Dont la blonde Cérès avoit paré ses champs.
Forcés d'abandonner leurs champêtres asyles,
Les Perdreaux dispersés se croisoient dans les airs;
   Mille & mille ennemis divers
Poursuivoient à l'envi les pauvres volatiles.
   Mère Perdrix dans ce revers
   Se promenoit toute éplorée,
Appelant par ses cris sa famille égarée :
Abandonnez ces lieux à leur maître pervers,
Dit une jeune Caille, & par-delà les mers,
Venez, ainsi que nous, chercher une patrie,
Où nous puissions du moins conserver notre vie.
L'esclavage & la mort dans ces champs dévastés
   Nous poursuivent de tous côtés....
Entendez-vous gronder le tonnerre de l'Homme,
   Qui retentit sur les coteaux !...
Et son lâche ministre, instrument de nos maux,

Le Chien, le voyez-vous qui rampe sur le chaume!...
De notre seul refuge on a su nous priver !
Des griffes de l'Autour qui pourra nous sauver ?
Hélas ! quand nous pourrions échapper à la force,
Qui nous garantira d'une perfide amorce ;
Et comment nous soustraire à ces lâches filets
Dont nous couvrent la nuit nos ennemis secrets ?...
Croyez-moi, ma voisine, imitons l'Hirondelle ;
Elle vient de quitter ce solide palais
Qu'elle avoit sur le roc construit à si grands frais,
Et pour bâtir au loin fend l'air à tire-d'aîle.
Le Rossignol, jadis la gloire de nos champs,
Dont les humains jaloux admiroient les accens,
Fut lui-même forcé par leur ingratitude
   D'abandonner sa solitude :
Et nous, vil peuple hélas ! sans faire aucun effort,
Sur ce chaume rasé nous attendrons la mort !....
Quel climat n'a jamais habité la misère,
  Reprit la tendre Casanière ?
  Croyez que dans tous les pays
L'on trouve des Autours où l'on voit des Perdrix ;
La trahison, la force ont par toute la terre,
Sans doute, à la foiblesse en tout tems fait la guerre.
Vous

Vous ne connoiſſez pas encore tous nos maux ;
   Je prévois de plus grands fléaux.
Nous avions juſqu'alors au moins la ſubſiſtance ;
Les tréſors de Cérès des avides humains
Rempliſſent déſormais les vaſtes magaſins ;
Avec l'Hiver hélas ! la famine s'avance !
   J'ai déjà vu ces jours d'horreur,
    Dont l'Automne eſt l'avant-coureur !...
De neige & de glaçons la terre étoit couverte ;
   La Nature fermant ſon ſein,
Refuſoit aux Oiſeaux juſques au moindre grain ;
Les élémens ſembloient conſpirer notre perte....
Par bonheur, à l'Hiver ſuccéda le Printems ;
Je vis bientôt renaître (& même dans des champs
Stériles juſqu'alors) des moiſſons abondantes :
Je vis croître en tous lieux des forêts verdoyantes,
Dont le ſoleil d'Été, propice à nos ſouhaits,
Jauniſſoit par degrés les fertiles ſommets ;
Le chaume nous donna le couvert & le vivre ;
Le Chaſſeur ſous nos toits n'oſa plus nous pourſuivre,
Et le bonheur revint habiter les guérêts.
On oublia bientôt la peine & la triſteſſe,
   Pour ſe livrer à la tendreſſe.

Ire Partie.   L

Je fus mère dix fois (je dois m'en souvenir)
Dans ces champs dont en vain vous voulez me bannir.
Quel qu'en soit le danger, quelques maux que j'endure,
Je ne puis les quitter sans que mon cœur murmure.
J'ose encor me flatter que de nouveaux zéphirs
Rameneront la paix, l'amour & les plaisirs;
Et tant que j'en aurai l'espérance chérie,
Rien ne peut m'arracher du sein de ma patrie.

FABLE II.
L'AIGLE ET L'ALOUETTE.

L'Aigle au haut de la nue apperçut l'Alouette,
    Qui de ses chants mélodieux
    Remplissoit l'enceinte des Cieux.
  A son aspect elle devint muette :
  Eh ! que fais-tu, dit-il, au haut des airs ?
Oiseau de Jupiter, lui répond la pauvrette,
Daignez me pardonner mon audace indiscrette ;
J'ose en l'honneur des Dieux essayer quelques airs....
    Pose-toi sur mes aîles,
Viens franchir avec moi des régions nouvelles,
    Dit l'Aigle généreux ;
J'écarterai l'Autour & le Corbeau sinistre ;...
    Mais un chantre des Dieux
Ne doit pas redouter l'aspect de leur Ministre.

FABLE III.

LE PINÇON ET LA GRENOUILLE.

Un Pinçon jeune & vif, un beau soir de Printems,
Sur les bords d'un marais, sous la verte feuillée,
Tiroit de son gosier des accords si brillans,
Qu'une vieille Grenouille en fut émerveillée :
   Bravo ! dit-elle, mon voisin ;
Vous ferez des jaloux, & l'augure est certain ;
  Vous m'enchantez. Moi qui me pique
   D'un peu de goût pour la musique,
Qui même, comme on sait, m'en escrime au besoin,
  Je le prédis, vous irez loin ;
Mais, mon fils, aux leçons il faut être docile ;
Ce n'est pas tout d'un coup que l'on devient habile.
Au défaut de talens je donne des avis ;
Et l'on s'est bien trouvé de les avoir suivis.
Avec de bons conseils, tel Pinçon qui gazouille,
Eût chanté.... Je le crois, dit en prenant son vol
Le petit chantre aîlé ; mais c'est le Rossignol
Qu'il falloit consulter.... & non pas la Grenouille.

FABLE IV.
L'ABEILLE ET LE PAPILLON.

Quelle est dans l'Univers ton occupation,
  Disoit l'Abeille au Papillon?
Tu fais de fleur en fleur assidument ta ronde;
Tu reprends chaque jour ta course vagabonde;
Ce sont-là tes plaisirs: conte-moi tes travaux;
  Que fais-tu pour la République?....
  Rien. Les plaisirs ou le repos,
Voilà tous mes soucis & mon étude unique,
  Reprit l'insecte aërien....
Je ne fais rien pour elle.... & ne lui coûte rien.
Tel qui des Papillons mène la vie aisée,
Pèse un peu davantage à la société;
Mais l'on doit pardonner au moins l'oisiveté
  A qui vit d'air.... ou de rosée.

FABLE V.
L'ABEILLE ET LE FRÊLON.

Poussée aveuglément par un inſtinct fatal,
L'Abeille piqua l'Homme, au danger de ſa vie :
Vas, méchante, dit-il, mais utile ennemie ;
Pour le bien que tu fais je ſouffrirai le mal.
Auſſi-tôt le Frêlon vint rouvrir ſa bleſſure :
Oh ! pour toi, reprit-il, ta récompenſe eſt ſûre ;
   Être inutile & malfaiſant,
C'eſt trop de moitié, meurs : il l'écraſe à l'inſtant.

FABLE VI.
L'ÉPHÉMÈRE ET LA CHENILLE.

L'Éphémère enjoué, sur le soir d'un beau jour,
De Flore & de Zéphyre égayoit le séjour.
Eh! pauvre fou, lui dit la Chenille engourdie,
Qui pour clore sa tombe avançoit son destin,
Vois.... le soleil s'abaisse, & tu mourras demain!
Aussi, répondit-il, je jouis de la vie :
  Hé! si demain je dois mourir,
Folle, dès aujourd'hui dois-je m'ensevelir?

FABLE VII.
LE MULOT.

Un Mulot hérita d'un château souterrain,
Qui se trouva pourvu d'un ample amas de grain :
Fruits de toute saison & fruits de toute espèce ;
Fruits tirés à grands frais d'un bocage éloigné ;
Le goût du superflu, qui sied à la richesse,
Pour meubler le caveau n'avoit rien épargné.
Voilà mon Mulot riche & faisant chère lie,
Non pas à ses amis, bien moins à ses parens,
   Mais aux Rats de Ville & des Champs
Donnant des soupers fins tous les jours de la vie,
Hébergeant tout le monde, excepté ses égaux
Et ses pauvres voisins qu'il croyoit ses vassaux.
Je vois contre ce point l'argument qu'on prépare :
Puisqu'il étoit Mulot, il étoit donc avare.
Mais un avare aussi peut par fois être vain,
Et, par amour de soi, fait chère à son prochain.
Or ses hôtes payoient leur écot en fumée,
C'est-à-dire en louange ; & puis la Renommée,

Du Mulot magnifique, aux plus lointains Échos
   Faifoit redire les bons mots.
Il eſt vrai que tandis qu'il ſe rue en cuiſine,
Le magaſin s'épuiſe; il eſt tems d'y pourvoir
En ſupprimant la table. Oui, mais comment déchoir!
Et puis va-t-il d'avance afficher ſa ruine?
Il n'en eſt pas encore à craindre la famine.
Enfin, un accident qu'il auroit pu prévoir,
(Si la proſpérité n'égaroit pas la vue)
Fait qu'un ſoir le château s'écroule, & laiſſe voir
Et le magaſin vide & la pauvreté nue.
Pour tous les conviés jugez quel déſeſpoir,
Car l'heure du ſouper étoit déjà venue:
Bon ſoir, Seigneur Mulot; Seigneur Mulot, bon ſoir.
Il eſt fâcheux pour vous de coucher dans la rue;
Mais vous releverez un jour votre manoir;
Quand il ſera refait nous viendrons vous revoir.
Que devient mon Créſus ruiné ſans reſſource?
D'aller chez ſes amis, ils fermeroient leur bourſe,
Et leur porte peut-être; ils étoient devenus
Pour lui, depuis long-tems, moins que des inconnus.
Ses prétendus vaſſaux, témoins de ſa diſgrace,
Le châtel abattu, riroient du Châtelain.

Que faire ? Il se résout à prendre la besace ;
Car se laisser mourir de faim
Lui parut le plus dur : il changea de patrie,
Vécut quelque tems d'industrie,
Et mourut sans être pleuré.
Je ne sais s'il fut enterré.

FABLE VIII.

LA COLOMBE ET LA PIE.

Un jour la Colombe & la Pie
S'en allèrent de compagnie
Rendre visite au Paon, visite de devoir
Et de pure cérémonie.
Quand l'Agasse à jaser eut montré son savoir,
Elle leva le siége, ainsi que son amie.
A grand'peine elle étoit sortie :
Que pensez-vous de Monseigneur,
Lui dit-elle ? Avez-vous admiré sa prestance,
Sa fausse politesse & son air d'importance ?
Mais j'ai su le réduire à sa juste valeur.
Quoiqu'il ait de lui-même opinion fort bonne,
Je l'ai jugé d'abord tel qu'on me l'avoit dit,
Assez épais de corps & fort mince d'esprit.
C'est dommage ; à tout prendre, il est bonne personne ;
Mais comme il est maussade ! ... & ses pieds ? Quelle horreur ! ...
Avez-vous remarqué que sa voix m'a fait peur ?

Mes yeux apparemment sont différens des vôtres,
Répondit la Colombe : il m'a paru civil ;
    Et j'ai l'esprit si peu subtil,
Que je juge toujours en bien celui des autres.
Par son aigrette d'or mes regards fascinés
N'ont point vu si ses pieds sont bien ou mal tournés ;
Et j'ai tant remarqué l'éclat de son plumage,
Que je n'ai point prêté l'oreille à son ramage.

FABLE IX.

LES DEUX POULES.

Une Poule accouchoit tous les matins d'un œuf,
Non pas sans admirer long-tems sa géniture:
Le cas de jour en jour lui paroissoit si neuf,
Qu'il falloit à grand bruit publier l'aventure.
Elle auroit mieux aimé n'avoir jamais pondu
Que tout le voisinage aussi-tôt ne l'eût su.
   Cependant une bonne Vieille
   A son caquet prêtant l'oreille,
   S'en alloit vîte au petit pas
Mettre la main sur l'œuf; elle n'y manquoit pas.
   Une pondeuse plus discrete
Dans un réduit obscur ayant caché son nid,
Y déposoit ses œufs, & petit à petit
Elle fit tant qu'elle eut sa douzaine complette:
Puis de couver en paix. Une fois chaque jour
Par un conduit secret, pour prendre sa pâture,
   A certain cri d'heureux augure,
   Elle alloit à la basse-cour.

Au bout de quelque tems enfin le terme arrive;
Elle est mère; & de qui? De maint gentil poussin
Qu'avec une tendresse aussi douce que vive
   Elle rassemble dans son sein.
   La voilà donc, comme on peut croire,
Au comble de sa joie ainsi que de sa gloire.
C'étoit-là le moment de se rendre au logis
   En triomphe avec ses petits;
   Ses petits, charmante famille,
Qui docile à sa voix sous ses aîles fourmille.
La surprise à sa vue augmente les transports;
   La bonne Vieille son hôtesse
S'empresse à l'héberger, la choie & la carresse.
   Il faut bien réparer ses torts:
Elle n'étoit que sage, on la croyoit stérile,
Et sote à l'avenant, vierge, fuyant le Coq;
   Le Renard étoit mal habile,
S'il ne l'avoit déjà suspendue à son croc.
Eh! ma commère, un mot, lui dit la caqueteuse:
Comment donc t'y prends-tu pour être si chanceuse?
Je fis mille embrions & n'ai pas un poulet.
   Par charité, donne-moi ta recette.
Volontiers, reprit-elle, & voici mon secret:
   Pondre en silence & couver en cachette.

FABLE X.

LES DEUX CERFS.

J'AI LU qu'un Cerf à ses forêts
Fut enlevé dès son jeune âge.
Un jeune Roi dans son palais
Retira le petit sauvage.
On le policia promptement;
De sa première indépendance
On étouffa le sentiment.
Pour marque de sa bienveillance,
Sa Majesté le décora, dit-on,
D'un collier d'or avec son écusson.
Orné du signe de sa gloire,
Comme il étoit fort respecté,
Dans tout le voisinage, à ce que dit l'histoire,
Il alloit paître en liberté;
En liberté, comme on peut croire,
Entravé cependant, pour plus de sûreté.
Or un Cerf habitant de la forêt voisine,
Le rencontrant un jour de la sorte atourné:

Quel être es-tu, lui dit le sauvage étonné ?
   Je te croyois nôtre à la mine.
Le Courtisan fort vain, comme bien l'on devine,
Lui répond : Sur cet or on lit ma dignité ;
   J'appartiens à Sa Majesté ;
  Je suis de plus Mignon de son Altesse,
   Et Complaisant de la Princesse.
Mais toi, quel est ton rang ? Chétif hôte des bois,
Tu parles lestement au favori des Rois !
Je n'ai point de collier, Seigneur, & point d'entraves,
Reprit le Cerf errant ; en voici la raison ;
Du Roi, jusqu'à ce jour, j'ignore encor le nom.
Je révère beaucoup Nosseigneurs les Esclaves ;
Mais je les fuis : adieu, Monseigneur. A ces mots
   En deux sauts
Le sauvage indompté dans sa forêt s'enfonce,
Et laisse Monseigneur méditer sa réponse.

Si vous lisez ces vers, jeune homme, vous direz :
De l'hôte des forêts je choisirois la place.
Doucement : chaque objet a toujours double face ;
Retournez la médaille, & puis vous jugerez.

LIVRE IV.

Le Cerf indépendant des caprices d'un maître,
Avoit pour ennemis tous les Loups d'alentour,
Les Chiens du Roi sur-tout. Un Cor au point du jour
Le faisoit déloger. A-t-il le tems de paître ?
La nuit repose-t-il ? mille ennemis secrets
Plus dangereux encor lui tendent leurs filets.
Cent fois il évita la perfide machine,
Il échappa cent fois à la rage canine ;
Mais enfin quelque jour il y succomberoit.
De ces tristes pensers notre Cerf s'occupoit :
Un noir pressentiment de son heure fatale
  Le pénétroit d'une secrette horreur.
Il entend une Meute, il frissonne & détale ;
Autre Meute nouvelle, & nouvelle terreur.
Il revient sur ses pas, il rencontre un Chasseur.
Atteint d'un trait mortel, il tombe en ce lieu même,
Où du Cerf au cou d'or la veille il prit congé.
Sous la garde du Roi, de souci dégagé,
Celui-ci paît alors dans un calme suprême.
Le mourant déchiré par les Chiens furieux,
Vers l'esclave paisible ayant tourné les yeux,
Ses yeux mouillés de pleurs, vint à le reconnaître,

Et prononça ces mots des Chaſſeurs recueillis :
Ah ! puiſqu'il a tant d'ennemis,
Il eſt bon, je le vois, que le foible ait un maître !

FABLE XI.

LE BERGER, LE LOUP ET LES MOUTONS.

Un Loup, la terreur des troupeaux,
Enlevoit à Guillot ses Moutons les plus beaux.
Guillot fit à sa troupe un discours pathétique :
Mes chers enfans, dit-il, nous n'aurons point raison
   Du glouton
  Sans user de rubrique.
Partant je suis d'avis que quelqu'un d'entre vous
S'expose à sa fureur pour le salut de tous ;
Il faudra qu'il demeure en Brebis égarée
Dans un endroit du bois que je lui marquerai.
Moi, tandis que le Loup croira faire curée,
Secondé de Mâtin sur lui je tomberai.
  A l'aide de ce stratagême,
A coup sûr, mes enfans, je vous en déferai ;
Je serois bien tenté de m'exposer moi-même ;
Mais pour votre salut je me conserverai :
  Le nom du Héros dans l'histoire
Passeroit en triomphe à la postérité.

Et Moutons de briguer la gloire
De se faire enrôler pour l'immortalité.
Opinion fait tout; ainsi comme on peut croire,
Robin qu'on préféra, fit beaucoup de jaloux :
Mourir pour son pays!... Ah! que son sort est doux!
Robin par son trépas délivra la Patrie;
En égorgeant Robin le Loup perdit la vie.
Les Moutons triomphoient; mais hélas! aussi-tôt
Il eut un successeur. Et qui? Ce fut Guillot.
   Quand Guillot n'eut plus rien à craindre,
   Guillot cessa de se contraindre.
   Bientôt Mouton, Brebis, Agneau,
Tombèrent tour-à-tour sous son cruel couteau.
Les Moutons à la fin connurent leur folie ;
Les Moutons opprimés devenus lâches, sots,
Oublièrent dès-lors jusqu'au nom de Patrie.
On les vit présenter la gorge à leurs bourreaux;
Robin de cette gent fut le dernier Héros.
   En est-il sous la tyrannie?

FABLE XII.

LE ROSSIGNOL, LA GRENOUILLE ET LE VANEAU.

De sa douce mélodie
La tendre Philomèle enchantoit les forêts.
De sa rauque monotonie
La bruyante Grenouille attristoit les marais.
Ma commère, quelle musique!
Lui disoit le Vaneau: quel chant soporifique!
Entendez-vous l'Amphion de nos bois?
Il a, sans vous mentir, une toute autre voix.
Il est aisé de chanter, reprit-elle,
Quand on peut à loisir, ainsi que Philomèle,
Dans les champs azurés prendre ses doux ébats;
Quand on ne se nourrit que de mets délicats.
Vous avez raison, mon compère;
Quand on a bien dîné, la musique en va mieux.
Ce chanteur si délicieux,
Si comme moi sans cesse il faisoit maigre chère,

Si dans la fange il traînoit sa misère,
Il pourroit s'épuiser en efforts superflus;
Croyez-vous qu'il chantât bien mieux que la commère? —
Non. Mais je crois qu'alors il ne chanteroit plus.

FABLE XIII.
LA RUCHE.

Les Abeilles jadis éparses dans les champs,
Sans asyle & sans toits erroient au gré des vents.
L'Homme friand de miel leur tendit une embûche:
Il imite la foudre en frappant sur l'airain,
Leur prédit un orage, & leur offre une Ruche.
Le bruit du faux tonnerre intimide l'Essaim;
  On se rassemble, on délibère,
On accepte l'asyle, on construit des rayons.
Sur la fin de l'Été l'Homme pour son salaire
Voulut sa part du miel; mais l'opulence est fière:
  On le reçut à bons coups d'aiguillons.
L'Homme indigné mit la Ruche au pillage,
Et la flamme à la main remplit tout de carnage.
Alors perdant la vie avec tout son butin,
Ce peuple s'écrioit: Protecteur inhumain!...
  Tu nous vends bien cher ton asyle!
Rebelles!... Vous voyez si je crains votre fiel,
Dit l'Homme; une autre fois, sans complainte incivile,
Ou refusez la Ruche, ou partageons le miel.

FABLE XIV.
LE FEU D'ARTIFICE.

On tiroit un feu d'artifice,
Pour quelque grand maſſacre, ou quelque grand hymen;
Le ſujet n'eſt pas trop certain.
La Cour avec la Ville en étoit ſpectatrice.
L'éclatante fuſée a jailli dans les airs,
Et fait tonner la foudre au milieu des éclairs.
Mille gerbes de feu retombant en paillettes
Éparpillent au loin leurs légères bluettes;
Le Serpent ſiſle & trace un orbe radieux....
L'attention redouble, on ouvre de grands yeux,
On admire, on attend... Tout à coup la nuit ſombre
De cent nouveaux ſoleils voit embraſer ſon ombre...
On alloit applaudir, quand le bouquet manqua.
Quoi! le bouquet! la fin! c'étoit tout... L'on ſifla.

FABLE XV.
LA FLÈCHE.

Hôtes des airs, voyez mon vol audacieux,
    Difoit la Flèche au haut des cieux,
J'habite comme vous la région fuprême!...
    Un Oifeau reprit : oui ;
    Mais tu t'élevois par autrui,
    Et tu retombes par toi-même.

FABLE XVI.
LA TAUPE ET LE RAT.

Un Rat de cervelle profonde
Arrangeoit dans son trou le systême du monde :
    Voyez-vous ce globe brillant,
    Qui dans la nuit nous illumine,
    Disoit un soir notre sçavant
    A dame Taupe sa voisine ?
    C'est un monde où les animaux
    Doivent jouir d'une autre vie :
    C'est là que de nos fiers rivaux
    Nous punirons la tyrannie ;
    A leur tour on verra les Rats
    Dans ce pays prendre les Chats.
    Pour excuser la Providence
    Qui nous soumet à cette engeance,
    Je ne sais moi que ce moyen ;
    Qu'en dites-vous, voisine ? — Rien.
    Très-volontiers je vous écoute ;
    Mais je me tais, je n'y vois goutte.

Ah! que je vous plains, dit le Rat!
Tant de merveilles naturelles,
Ces feux, ces lampes éternelles
N'ont donc pour vous aucun éclat?
Le pis de votre destinée,
C'est que vous êtes par état
A l'ignorance condamnée.
Ma science est assez bornée,
Reprit la Taupe; heureusement
De chaque obstacle qui m'arrête
Je me dépêtre en tâtonnant;
Ce qui se passe sur ma tête
Ne m'intéresse nullement:
Comme il échappe à ma visière,
Je sais m'en taire, est-ce un malheur?
Avec vos yeux, à la legère,
(Comme maint autre raisonneur)
Vous pourriez bien juger, compère;
Voyant peu, je ne juge guère;
J'en suis moins sujette à l'erreur.

FABLE XVII.
LE BERGER, LE CHIEN ET LE LOUP.

Un Berger par l'épidémie
Perdoit tout son troupeau. Un Loup des environs
Le tirant à l'écart, lui dit : J'ai des soupçons,
Mais très-forts, entre nous, que cette maladie
  Vient de ton Chien; & je parie
Que le drôle la nuit étrangle tes Moutons
Pour les manger le jour. Eh ! sur quelles raisons
Peux-tu le soupçonner de cette perfidie,
Dit le Berger ? L'as-tu.... pris en flagrant délit ? —
Je ne dis pas cela, mais. — Te l'auroit-on dit ? —
Pas précisément, mais. — Mais sur quoi donc de grace
Fondes-tu tes soupçons ?... Sur quoi ? reprit le Chien,
Qui derrière une haie entendoit l'entretien,
Eh ! sur ce qu'il feroit, s'il étoit à ma place.

FABLE XVIII.

LA CORNEILLE ET LE NOYER.

Sur un Noyer fertile, à la superbe cime,
Une Corneille s'abattit :
Présage de malheur ! le Noyer en frémit.
A tort & à travers la voilà qui s'escrime
Et du bec & des pieds, des aîles tout autant,
Croassant, coupant, abattant
Tout à la fois fruits & feuillage
Et branchage ;
Ravageant sans pudeur & presque sans dessein,
Faisant force dommage & fort peu de butin.
Le Noyer s'agitoit sous l'hôtesse indiscrete :
Avoit-elle juré de faire place nette ?
Elle abattoit cent fruits avant d'en choisir un :
C'est un fléau ; cent coups de gaules
Péseroient moins sur ses épaules
Que ce bec destructeur & non moins importun.
Ce ne fut pas encor le pis de l'aventure :
Sur l'oiseau de mauvais augure,

Un tube menaçant qui s'allonge dans l'air,
Vomit chez le Noyer la foudre avec l'éclair.
La Corneille a le coup; la voilà qui dévale,
Faisant de branche en branche un nouvel abattis.
Son hôte malheureux sur son cadavre étale
De mille plombs cruels mille rameaux meurtris.

Dieu garde mes amis de visite pareille;
De tous gens sans cervelle, impudens, désastreux,
Et souvent chez leur hôte apportant avec eux
Le malheur qui les suit, ainsi que la Corneille.

FABLE XIX.
LA TULIPE.

Un jeune favori de Flore & de Pomône
Étoit Roi d'un jardin fertile & spacieux,
Qui charmoit à la fois l'odorat & les yeux.
La serpe étoit son sceptre, un pampre sa couronne,
      Un verd gazon étoit son trône.
Au Printems de l'année, au Printems de ses jours,
Mille fleurs de tout rang partageoient ses amours.
      Parmi ces filles de l'Aurore,
S'élevoit la Tulipe aux brillantes couleurs.
      A peine commençant d'éclore,
Elle éclipsa la Rose aux suaves odeurs.
Son calice naissant, sa forme enchanteresse
Du Monarque ébloui fixèrent la tendresse.
      De Zéphyre il devient jaloux;
Il ne peut la quitter, il l'arrose sans cesse;
De la main ou des yeux sans cesse il la caresse,
Et l'aveugle s'oublie en des momens si doux.
Le jardin cependant demeure sans culture;

Adieu le soin des arbrisseaux,
Du potager & des berceaux;
Tout dépérit, tout meurt, tout, jusqu'à la verdure.
Chargés d'insectes destructeurs,
Les arbres n'ont produit que de stériles fleurs;
Ou leur sève épuisée en rameaux inutiles
Pousse des feuilles pour des fruits;
Ronces, Lierres, enfin les herbes les plus viles,
Réceptacles impurs de mille affreux reptiles,
S'élèvent sans pudeur en tous lieux reproduits.
D'un superbe avenir l'espérance est détruite:
L'insensé ne voit rien que sa fleur favorite!
Un Platane touffu qui lui donna toujours
Son branchage en Hyver, en Été son feuillage,
Portoit ombrage à ses amours;
Il n'en fallut pas davantage;
L'ingrat sans balancer immole de sa main
Le bienfaiteur d'un siècle à la fleur du matin!
La Tulipe en pâtit; il survint un orage:
La grêle détruisit son merveilleux corsage.
Son amant, dès l'Aurore, apperçoit ses malheurs;
D'abord il se lamente, ensuite il devient sage.
Au sort de son idole ayant donné des pleurs,

LIVRE IV.

Il voit de son jardin la désolante image !
Il reprend l'arrosoir, la serpe & le rateau ;
Sous ses mains en tous lieux tout fleurit de nouveau ;
Il fait tant par ses soins qu'il appaise Pomône.
Et bientôt souriant aux présens de l'Automne :
D'un petit mal, dit-il, naît souvent un grand bien :
Quels trésors j'immolois à la beauté fragile,
Au vernis sans odeur d'une fleur inutile !...
J'ai cru perdre beaucoup.... j'ai perdu moins que rien.

FABLE XX.
L'ALOUETTE.

Une Alouette par malheur
Se laissa prendre un jour aux rêts de l'Oiseleur.
 Adieu les champs de la lumière,
Adieu les prés fleuris, la voilà prisonnière.
Que je la plains hélas ! ses chants mélodieux
Ne s'élèveront plus à l'oreille des Dieux !
 Dans ses entraves éternelles
 De quoi lui serviront ses aîles ?
Des caprices d'autrui ses jours sont dépendans ;
Elle sert de jouet à des fripons d'enfans !
 Mais une heureuse négligence,
Après trois mois d'ennuis, lui rend la clef des champs ;
Dans les airs tout-à-coup la voilà qui s'élance :
Elle croyoit voler.... inutiles élans !
 Déjà ses aîles incertaines
Ne pouvant soutenir un vol ambitieux,
 Loin de la porter dans les cieux,
 Vont rasant humblement les plaines.

Elle voulut chanter ; mais les hôtes des bois
      Ne reconnurent plus ſa voix.
Allons donc terre à terre, & taiſons-nous, dit-elle :
J'ai beſoin, je le ſens, d'écouter Philomèle ;
Mais ſi j'ai tout perdu dans la captivité,
Je dois tout retrouver avec la liberté.

FABLE XXI.
LE ROSSIGNOL ET LE SERIN.

Du Rossignol humble rival,
Ne pouvant se flatter d'être un jour son égal,
Le Serin confiné dans une solitude,
    N'osoit plus élever la voix,
Du jour que son vainqueur fut de retour aux bois.
Il aborde un beau soir avec inquiétude
La jeune Philomèle : O d'un illustre époux
Digne épouse, dit-il, quand devenez-vous mère?
    Quand verrai-je naître de vous
Des fils dignes en tout de vous & de leur père?
Daignent les Dieux hâter des momens aussi doux,
Et nous montrer des fruits d'une union si belle!...
Croyez que je voudrois voir ces momens venus....
    Je le crois, reprit Philomèle;
    Mon époux ne chanteroit plus.

FABLE XXII.
LES BROCHETS.

Un Prince se vantoit d'avoir dans son étang
Force Brochets. Tant pis: le Brochet est gourmand,
Lui dit un Étranger; l'ignorez-vous encore?
Il mange, croyez-moi, tout le petit poisson;
  Adieu la Tanche & le Goujon.
  Oh! ce n'est pas que Monseigneur l'ignore,
   Répondit quelqu'un des Valets;
  Mais mangeons-nous pas les Brochets?

FABLE XXIII.

LE CHIEN DE CHASSE BLESSÉ À MORT.

Frappé d'une atteinte cruelle,
Briffaut vainqueur d'un Cerf, gisoit au lit d'honneur.
Avant de terminer sa carrière immortelle,
Le héros en ces mots exhaloit sa douleur :
Quelle espèce est la nôtre! insensés que nous sommes!
Aveugles instrumens des passions des hommes ;
Jouets infortunés d'un instinct furieux,
Qu'ils savent exciter pour nous gouverner mieux ;
Abrutis par nos fers, à l'aspect de leur proie
Nous faisons éclater une stupide joie !
Aux dépens de nos jours, bassement triomphans,
      Nous achetons l'indigne gloire
      D'abattre aux pieds de nos tyrans
De généreux vaincus, dignes de la victoire,
Qui combattent du moins jusqu'au dernier soupir
Pour cette liberté dont nous n'osons jouir.
De nos lâches forfaits quel est donc le salaire?...
Race féroce & foible, accourez & voyez....

Trop heureux en mourant, ſi ma mort vous éclaire....
O mes chers Compagnons... mes jours ſont trop payés,
Si ma mort eſt l'époque... A ces mots il expire,
Sans qu'on ait pu ſavoir ce qu'il a voulu dire.

FABLE XXIV.
LE LAPIN ET LE FURET.

L'OMBRE couvroit l'herbette humide;
La douce odeur du serpolet,
Par le beau calme qu'il faisait,
Invitoit le Lapin timide
A commencer ses petits tours.
Jeannot suivi de ses amours,
Est le premier qui se décide.
D'abord il met le nez à l'air,
Puis de trotter sur le pré verd.
Mais une ombre, un rien, tout l'alarme:
Le moindre souffle dans les airs,
N'est-ce point un fusil qu'on arme?
Les vers luisans sont des éclairs,
Des avant-coureurs de la foudre,
Qui le met, lui chétif, en poudre.
Puis ce n'est rien; le petit fou
Bondit autour de sa compagne;
Puis il veut se mettre en campagne.

Puis il veut regagner son trou.
Le bruit de la feuille qu'il broute
Tout-à-coup le met en déroute,
Et le voilà dans son terrier
Qui se replonge tout entier.
Le malheureux! qu'y va-t-il faire?
C'est-là qu'un traître de Furet
L'attend, le saisit au collet
Au moment qu'il n'y songeoit guère.
Il expire & dit: Eh! pourquoi
Faut-il trembler jusques chez soi?
Alarmé des haines publiques,
En quels bras me suis-je remis!
Ah! nos plus mortels ennemis
Sont nos ennemis domestiques!

FABLE XXV.
L'HISTOIRE.

La Capitale d'un Empire
Que le glaive du Scythe achevoit de détruire,
Par mille édifices pompeux
Du sauvage vainqueur éblouissoit la vue.
D'un Prince qui régna dans ces murs malheureux
Il admiroit sur-tout la superbe statue.
On lisoit sur ce monument :
A très-puissant, très-bon, très-juste & très-clément
Et le reste, en un mot l'étalage vulgaire
Des termes consacrés au style lapidaire.
Ces mots en lettres d'or frappent le Conquérant ;
Ce témoignage si touchant
Qu'aux vertus de son Roi rendoit un Peuple immense,
Émeut le Roi barbare ; il médite en silence
A ce genre d'honneurs qu'il ne connut jamais ;
Long-tems de ce bon Prince il contemple les traits.
Il se fait expliquer l'histoire de sa vie :
Ce Prince, dit l'histoire, horreur de ses sujets,

On fit l'Histoire après sa mort

Naquit pour le malheur de sa triste Patrie :
Devant son joug de fer il fit taire les loix ;
Il fit le premier pas vers l'affreux despotisme ;
Il étouffa l'honneur, ce brillant fanatisme
   Qui sert si bien les Rois :
Et son pouvoir sorti de ses bornes certaines,
De quelque Conquérant préparoit les exploits,
Quand d'un Peuple avili par ses loix inhumaines
Il disposoit les bras à recevoir des chaînes.
Tel étoit le portrait qu'à la postérité
   Transmettoit l'équitable Histoire.
Le Scythe confondu ne sait ce qu'il doit croire :
Pourquoi donc, si l'Histoire a dit la vérité,
   Par un monument si notoire
   Le mensonge est-il attesté ?
Sa Majesté sauvage étoit bien étonnée.
   Seigneur, dit un des Courtisans
Qui durant près d'un siècle à la Cour des Tyrans
   Traîna sa vie infortunée,
Seigneur, ce monument qui vous surprend si fort,
   Au destructeur de la Patrie
   Fut érigé pendant sa vie….
   On fit l'histoire après sa mort.

FABLE XXVI.
LE CORBEAU ET LE MOINEAU.

Un vieux Corbeau mélancolique
Croaſſoit jour & nuit au haut d'un Chêne antique.
A ſes voiſins, aux voyageurs,
Il ne chantoit que des malheurs.
Dans le ciel le plus pur il voyoit un nuage;
Le calme le plus frais annonçoit un orage.
Malheur! s'écrioit-il dans tous les environs,
Malheur à la vendange & malheur aux moiſſons!
En vain de ſes ſueurs l'Homme arroſoit la terre,
Elle vouloit du ſang; l'habitant ſémeroit;
Mais l'étranger récolteroit:
C'étoit tout à la fois la famine & la guerre.
Enfin depuis cent ans qu'il prédiſoit ſa mort,
Il ne connoiſſoit plus la joie,
Et même en dévorant ſa proie,
Il trembloit comme un eſprit fort.
Mais ce qui ſurprendra peut-être davantage,
C'eſt que dans ſa forêt il paſſoit pour un ſage.

Maître Corbeau voit noir, c'est qu'il y voit de loin;
De ses yeux, disoit-on, la Patrie a besoin.
L'avantage des gens consommés en prudence,
C'est de voir un danger où nous ne voyons rien;
    En trois siècles d'expérience
Il a tant vu de mal qu'il ne croit plus au bien.
    Si c'est-là tout son avantage,
Reprit un Moineau jeune & d'agréable humeur,
Je ne demande aux Dieux qu'une seule faveur,
C'est de mourir un jour avant que d'être sage.

FABLE XXVII.
LE HIBOU ET L'ALOUETTE.

Un Hibou dans le creux d'un If
S'étoit enseveli tout vif.
Se vouant à la nuit, abjurant la lumière,
Sa promenade unique étoit un cimetière.
  C'est-là qu'au milieu des tombeaux,
  Dans le silence des ténèbres,
  Il entonnoit ses chants funèbres,
  Effroi des paisibles hameaux.
Or un jour en passant une jeune Alouette
  Entendit son lugubre cri
Du fond du centre obscur qui lui servoit d'abri.
Qui te fait soupirer? Seroit-ce la Chouette?
  Serois-tu tendre, vieux grigou,
Lui dit-elle? A quoi donc rêves-tu dans ton trou?
  O tête indiscrete & légère,
  Répondit l'Oiseau d'Atropos!
  Je rêve au funeste repos
Où se doit terminer ta course passagère;

Je rêve à ces terribles mots
Que la mort à toute heure imprime sur le marbre!
Quand tu planes au haut des airs,
Que tu fais retentir de frivoles concerts,
Solitaire ignoré, dans les flancs de cet arbre,
Entouré des vains monumens
Où tous ces Dieux mortels laissent leurs ossemens,
Je rêve nuit & jour hélas! qu'il faut les suivre!...
Et ton rêve est hélas! ennuyeux à périr,
Dit l'Alouette; apprends l'abrégé d'un gros livre:
S'il est sage, ô Hibou! de songer à mourir,
Il est fou d'oublier de vivre.

FABLE XXVIII.

L'HISTOIRE DES BREBIS.

La Brebis en ces mots, à l'ombre d'un coteau,
Donnoit leçon d'histoire aux Agneaux d'un troupeau.

Les Brebis autrefois erroient à l'aventure ;
Les Brebis sans Pasteurs alloient à la pâture.
Mais contraintes sans cesse à fuir devant les Loups,
Nous crûmes faire un trait de fine politique,
    En mettant notre République
Sous l'absolu pouvoir d'un plus puissant que nous.
Ce jour de nos malheurs fut l'époque première !
Il fallut renoncer dès-lors à nos toisons ;
    Dès-lors aux rigueurs des saisons
    Sous prétexte de nous soustraire,
On nous bâtit ces toits, dont on fit nos prisons.
Pour écarter les Loups, des Chiens impitoyables
Furent de tous nos pas les guides redoutables.....
Je n'ai fait qu'ébaucher l'histoire de nos maux....
Nos Pasteurs inhumains devinrent nos bourreaux !

Sous une bonté feinte ils déguisent leur rage;
Ils réservent pour nous le plus gras pâturage;
Mais de leur cruauté c'est un rafinement;
Quel Mouton s'engraissa jamais impunément?...
  Enfin pour comble de misères,
Graces à leurs fureurs nous tremblons d'être mères!
A leurs Dieux, c'est-à-dire à leurs affreux penchans,
Les cruels à nos yeux immolent nos enfans!
Chez un peuple moins doux, peut-être que les pères
Sauroient vendre du moins leur sang à ces tyrans;
Mais les Moutons jamais ne furent sanguinaires;
Ils méritoient hélas! des Rois plus débonnaires!...
Nous présentons la gorge aux fers des assassins:
En tombant sous leurs coups nous leur léchons les mains!..

Peut-être la Brebis eût poursuivi l'histoire;
Mais le Chien qui parut, lui brouilla la mémoire.

Ire Partie. O

FABLE XXIX.

L'HIRONDELLE ET LE VIEILLARD.

Progné bâtissoit sous la frise
D'un Château que cent bras élevoient dans les airs,
Pour ombrager la tête grise
D'un Sénateur chargé de quatre-vingt hivers.
Le Vieillard un beau soir admirant son portique,
Assis près d'un canal & respirant le frais,
Apperçoit le nouveau palais
Que l'Hirondelle attache & cimente & mastique,
N'ayant pour tout cela qu'un instrument unique.
Il s'amusa long-tems à regarder ses tours
Du rivage à son nid, de son nid au rivage.
Enfin en souriant il lui tint ce discours :
Tu bâtis pour un siécle, oisillon de passage !
Nous touchons à l'Automne, & tu sais que l'Hiver
Le destin te condamne à repasser la mer :
L'Architecte est prudent, mais l'Oiseau n'est pas sage.
Eh! l'es-tu plus que moi, lui répondit Progné ?

LIVRE IV.

Par le destin aussi ton séjour est borné :
La vieillesse pour l'Homme est l'Hiver !... qui l'ignore ?..
La neige est sur ta tête, & tu bâtis encore !

FABLE XXX.
LE PINÇON.

Quand la sublime Philomèle
    Fuyant la rigueur des Hivers,
Eut privé nos climats de ses divins concerts,
Le doux Pinçon formé sur ce brillant modèle,
    Voulut encore essayer quelques airs.
Que nous veut, dit le Geai, ce chantre à la voix grêle?
    Quel ennuyeux, s'écrioient mille Oiseaux!
    Quel ennuyeux, répétoient mille échos!...
      Oses-tu, chétive pécore,
    Du Rossignol imiter les éclats?
      Il te manque une voix sonore,
    Pauvre fausset, tu n'en approches pas!
    Y pensons-nous, dit la Fauvette,
    Est-ce le tems d'être si délicats,
      Quand nous sommes dans la disette?
      Soyons moins durs que la saison,
Ou bien nous n'aurons plus la moindre chansonnette:
Le Rossignol nous manque, eh! vive le Pinçon!

ÉPILOGUE.

C'est ainsi que ma Muse ingénue & timide,
Sous les yeux de Minerve, à l'ombre de l'Égide,
  Prête ses sentimens divers
Aux divers habitans de cet humble univers;
  Et dans un agréable songe
  Occupant son oisiveté,
En déguisant le vrai sous les traits du mensonge,
Dérobe aux foibles yeux sa trop vive clarté.
Tandis que pénétré d'une plus noble flamme,
Des François étonnés l'Homère généreux
Aux Catons, aux Brutus partageant sa grande ame,
Fait parler aux Héros le langage des Dieux;
  Et de son indigne esclavage
  Affranchissant la vérité,
L'introduit chez les Rois sans voile, sans nuage,
Répétant sans pâlir le mot de Liberté....
O si quelque rayon de son divin génie

Eût échauffé mon ame, à de plus grands travaux
Je voudrois confacrer le Printems de ma vie!
   J'ai fait parler les Animaux,
Leurs Maîtres à leur tour paroîtroient fur la fcène.
   Dans le Temple de Melpomène,
Prêtre de la raifon, des vertus & des mœurs,
Augufte Vérité, je rendrois tes oracles.
   A des defirs trop féducteurs
   Le fort a mis d'heureux obftacles :
   L'arrêt du fort m'a condamné
   A vivre au fein de la Nature ;
   Dans cet afyle fortuné
   Je me confine fans murmure.....
Hôtes heureux des airs, des eaux & des forêts,
   Compagnons de ma folitude,
   De vos penchans les plus fecrets
J'ai fait jufqu'à ce jour ma plus profonde étude.
Sans menacer vos jours, fans vous tendre d'appâts,
Je me fuis contenté d'obferver les débats,
   Les trahifons & les traverfes
Qu'excitent parmi vous vos paffions diverfes.
Spectateur indifcret, fi j'ai pu quelquefois

ÉPILOGUE.

Tracer de vos défauts des peintures fidèles,
Dans vos vertus aussi j'ai choisi les modèles
Que j'offre aux fiers Tyrans qui se disent vos Rois.

FIN.

TABLE

Des Fables contenues dans ce Volume.

LIVRE PREMIER.

Prologue.	page 9
Fab. I. Le Loup & l'Agneau.	11
II. L'Enfant & l'Abeille.	13
III. Le Rossignol & le Coucou.	14
IV. La Vigne & l'Ormeau.	15
V. L'Aiglon & le Corbeau.	16
VI. L'Alouette & ses Petits.	17
VII. Le Lièvre & la Tortue.	19
VIII. Les Araignées.	21
IX. Le Lion & le Singe.	22
X. Le Chien & le Chat.	24
XI. Le Cochet & l'Huître.	25
XII. Les Gluaux.	26
XIII. Le Ver à soie & le Ver de terre.	28
XIV. Le Rat des champs & le Rat d'eau.	30
XV. Les deux Mulots.	32
XVI. L'Éléphant & le Rat.	34
XVII. Les Dieux d'Egypte.	35
XVIII. Le Souriceau.	37
XIX. Le Chien & le Bouc.	39
XX. La Pêche.	40
XXI. Le Perroquet & le Hibou.	42
XXII. Le Mendiant & le Dogue.	43
XXIII. Le Chat des Indes.	44
XXIV. Le Coq & l'Oison.	46
XXV. L'Homme & l'Ane.	48
XXVI. Le Singe à la Cour.	49

TABLE.

XXVII. L'Enfant & le Moineau. 51
XXVIII. La Fauvette en cage. 53
XXIX. Les Agneaux & les Louveteaux orphelins. 55
XXX. Le Chêne & le Tilleul. 57

LIVRE SECOND.

Prologue. page 60
Fab. I. Mot de Socrate. 62
II. Le Lion malade. 63
III. Le Chien & le Renard. 64
IV. Le Loup & le Dogue. 66
V. L'Araignée & le Ver à soie. 68
VI. Le Paon & le Rossignol. 69
VII. Le Volcan. 70
VIII. Le Cerf-volant. 71
IX. L'Oranger. 72
X. La Cigale & la Fourmi. 73
XI. Le Cheval & l'Ane. 74
XII. Les deux Lièvres. 75
XIII. Le Frélon & l'Abeille. 78
XIV. La mort aux Rats. 79
XV. L'Eléphant & le Levraut. 81
XVI. Minerve & le Hibou. 83
XVII. Le Voyageur & le Colibri. 84
XVIII. La Tortue & les Canards. 85
XIX. La Brebis & l'Agneau. 87
XX. Le Cheval, le Bœuf, le Mouton & l'Ane. 88
XXI. Le Lierre & le Roseau. 90
XXII. Le Loup pénitent. 92
XXIII. Les Charlatans. 94
XXIV. La Science. 96
XXV. Les Taupes. 97
XXVI. Le Cadi & l'Arabe. 98
XXVII. Le Cerf & la Flèche. 101
XXVIII. La Pipée. 102

TABLE.

XXIX. Le Singe.	105
XXX. Philomèle & Progné.	107

LIVRE TROISIEME.

PROLOGUE.	page	109
FAB. I. Xénocrate & le Moineau.		111
II. Le Rossignol & la Chauve-Souris.		112
III. La Chèvre.		113
IV. Le Cochet & la Pie.		114
V. Le vieux Renard.		115
VI. Jupiter & l'Abeille.		116
VII. Le Lion & l'Eléphant.		117
VIII. Le Chat & le Rat.		119
IX. Le Paon, le Rossignol & l'Etourneau.		120
X. Le Papillon & la Chenille.		121
XI. Le Rosier enté sur le Pêcher.		123
XII. Mot d'Appelle.		125
XIII. La Linotte.		126
XIV. Le Peuplier & la Vigne.		128
XV. Le Hibou & le Pin.		129
XVI. Le Rossignol & ses Petits.		130
XVII. Le Hanneton & le Ver de terre.		132
XVIII. L'Abeille & le Frêlon.		133
XIX. Le Crocodile.		135
XX. Les deux Jupiters.		136
XXI. Le Chat & les deux Souris.		138
XXII. La Poule bien aimée.		141
XXIII. Le Bonze & le Chien.		143
XXIV. Les Chiens, les Guêpes & le Hérisson.		144
XXV. Le Pourceau & le Chien.		146
XXVI. La Vieille & le Sapajou.		148
XXVII. La Souris changée en Chauve-Souris.		150
XXXIII. Le Singe & le Chat.		151
XXIX. La Tortue & l'Hirondelle.		152
XXX. Les deux Ormeaux.		154

TABLE.
LIVRE QUATRIEME.

PROLOGUE. page	156
FAB. I. La Caille & la Perdrix.	159
II. L'Aigle & l'Alouette.	163
III. Le Pinçon & la Grenouille.	164
IV. L'Abeille & le Papillon.	165
V. L'Abeille & le Frêlon.	166
VI. L'Ephémère & la Chenille.	167
VII. Le Mulot.	168
VIII. La Colombe & la Pie.	171
IX. Les deux Poules.	173
X. Les deux Cerfs.	175
XI. Le Berger, le Loup & les Moutons.	179
XII. Le Rossignol, la Grenouille & le Vaneau.	181
XIII. La Ruche.	183
XIV. Le Feu d'artifice.	184
XV. La Flèche.	185
XVI. La Taupe & le Rat.	186
XVII. Le Berger, le Chien & le Loup.	188
XVIII. La Corneille & le Noyer.	189
XIX. La Tulipe.	191
XX. L'Alouette.	194
XXI. Le Rossignol & le Serin.	196
XXII. Les Brochets.	197
XXIII. Le Chien de chasse blessé à mort.	198
XXIV. Le Lapin & le Furet.	200
XXV. L'Histoire.	202
XXVI. Le Corbeau & le Moineau.	204
XXVII. Le Hibou & l'Alouette.	206
XXVIII. L'Histoire des Brebis.	208
XXIX. L'Hirondelle & le Vieillard.	210
XXX Le Pinçon.	212
EPILOGUE.	213

Fin de la Table.

APPROBATION DU CENSEUR ROYAL.

J'ai lu, par l'ordre de Monseigneur le Chancelier, le Manuscrit qui a pour titre : *Fables, par M. Boisard, de l'Académie des Belles-Lettres de Caën* ; où je n'ai rien observé qui doive en empêcher l'impression. Donné à Paris, le 19 Décembre 1772.

PHILIPPE DE PRÉTOT.

PRIVILEGE DU ROI.

LOUIS, PAR LA GRACE DE DIEU, ROI DE FRANCE ET DE NAVARRE : A nos amés & féaux Conseillers, les Gens tenant nos Cours de Parlement, Maîtres des Requêtes ordinaires de notre Hôtel, Grand-Conseil, Prevôt de Paris, Baillifs, Sénéchaux, leurs Lieutenans Civils, & autres nos Justiciers qu'il appartiendra : SALUT : Notre amé le Sieur BOISARD, Nous a fait exposer qu'il desireroit faire imprimer & donner au Public *des Fables de sa composition* ; s'il nous plaisoit lui accorder nos Lettres de Privilège pour ce nécessaires. A CES CAUSES, voulant favorablement traiter l'Exposant, Nous lui avons permis & permettons, par ces Présentes, de faire imprimer ledit Ouvrage autant de fois que bon lui semblera, & de le vendre, faire vendre & débiter par tout notre Royaume, pendant le tems de six années consécutives, à compter du jour de la date des Présentes. Faisons défenses à tous Imprimeurs, Libraires, & autres personnes, de quelque qualité & condition qu'elles soient, d'en introduire d'impression étrangère dans aucun lieu de notre obéïssance. Comme aussi d'imprimer ou faire imprimer, vendre, faire vendre, débiter ni contrefaire ledit Ouvrage, ni d'en faire aucuns extraits, sous quelque prétexte que ce puisse être, sans la permission expresse & par écrit dudit Exposant, ou de ceux qui auront droit de lui, à peine de confiscation des Exemplaires contrefaits, de trois mille livres d'amende contre chacun des contrevenans, dont un tiers pour Nous, un tiers à l'Hôtel-Dieu de Paris, & l'autre tiers audit Exposant, ou à celui qui aura droit de lui, & de tous dépens, dommages & intérêts, à la charge que ces Présentes seront enregistrées tout au long sur le Registre de la Communauté des Imprimeurs & Libraires de Paris, dans trois mois de la date d'icelles ; que l'impression dudit Ouvrage sera faite dans notre Royaume, & non ailleurs, en beau papier & beaux caractères, conformément aux Réglemens de la Librairie, & notamment à celui du 10 Avril 1725, à peine de déchéance du présent Privilège ; qu'avant de l'exposer en vente, le Manuscrit qui aura servi de copie à l'impression dudit Ouvrage, sera remis dans le même état où l'Approbation y aura été donnée, ès-mains de notre très-cher & féal Chevalier, Chancelier, Garde-des-Sceaux de France, le Sieur DE MAUPEOU ; qu'il en sera ensuite remis deux Exemplaires dans notre Bibliothèque publique, un dans celle de notre Château du Louvre, & un dans celle du Sieur DE MAUPEOU ; le tout à peine de nullité des Préfentes; du contenu desquelles vous mandons & enjoignons de faire jouir ledit Expofant & fes ayans caufes, pleinement & paifiblement, fans fouffrir qu'il leur foit fait aucun trouble ou empêchement. Voulons que la copie des Préfentes, qui fera imprimée tout au long, au commencement ou à la fin dudit Ouvrage, foit tenue pour duement fignifiée, & qu'aux copies collationnées par l'un de nos amés & féaux Confeillers Secrétaires, foi foit ajoutée comme à l'original. Commandons au premier notre Huiffier ou Sergent fur ce requis, de faire pour l'exécution d'icelles tous actes requis & néceffaires, fans demander autre permiffion, & nonobftant clameur de haro, Charte Normande, & Lettres à ce contraires : CAR tel eft notre plaifir. Donné à Paris le treizième jour du mois de Janvier, l'an de grace mil fept cent foixante-treize, & de notre règne le cinquante-huitième. Par le Roi en fon Confeil.

LE BEGUE.

Regiftré fur le Regiftre 19 de la Chambre Royale & Syndicale des Libraires & Imprimeurs de Paris, N° 2477, fol. 16, conformément au Réglement de 1723, qui fait défenfe, art. 4, à toutes perfonnes de quelque qualité & condition qu'elles foient, autres que les Libraires & Imprimeurs, de vendre, débiter, faire afficher aucuns Livres pour les vendre en leurs noms, foit qu'ils s'en difent les Auteurs ou autrement, & à la charge de fournir à la fufdite Chambre huit Exemplaires, prefcrits par l'art. 108 du même Réglement. A Paris, ce 25 Janvier 1773.

Signé C. A. JOMBERT père, Syndic.

De l'Imprimerie de MICHEL LAMBERT, rue de la Harpe,
près S. Côme.

BOISARD, J. J. François-Marin

Fables

vol. 1

Lacombe, 1777

Ye 13358

www.ingramcontent.com/pod-product-compliance
Lightning Source LLC
Chambersburg PA
CBHW051906160426
43198CB00012B/1774